Mi Zjurnal di Salú

Kontribuidónan:

Luisette Kraal

Yvette Barriento-Kierindongo

Ruth Barientos

Shade Vrutaal-Oehlers

Diseño:

Yvette Barriento-Kierindongo

Channah-Belle Felida - 10 aña

Jaeda Felida - 7 aña

Editor:

Miralda Paula-Frans

Gilda Beukenboom-Sintjago

Yvette Barriento-Kierindongo

Deboshon:

Gilda Beukenboom-Sintjago

Vivian Paulina

ISBN: 978-1-7370056-4-3

Mi zjurnal di salú

Mi ID di DöTERRA:_______________________

(Mi number di kuenta di Döterra)

Bon dia,

Kon ta bai? Mi ta kontentu ku bo t'ei. Si bo tin e zjurnal akí den bo man ta pasó bo a realisá ku bo ke kuida bo salú. Un bon kos! Aki bo por dokumentá bo salú.

Ku masha amor nos a prepará e zjurnal akí pa bo pa e por yuda bo nota tur loke bo ke traha riba dje pa bo salú.

Bo por dokumentá komementu, midí, uso di zeta esensial, sita ku dòkter i spesialista, bo remedinan, konsehonan i hopi mas.

Traha riba bo salú. Nos ke pa bo bira grandi salú. GreenLIFE ta aki pa yudabo hiba un bida na un mihó kalidat. Lo bo ta mas salú, aliviá di doló, malesa i aflikshonnan.

Zetanan esensial por yuda bo. Tambe tin diferente manera kon pa kome mas saludabel.

Preparábo pa haña bon tep, konseho, testimonio i yudansa pa kome salú. Lo bo keda sorprendí, te ku bo ta bai komparti'é ku bo amistatnan.

Òf mihó: bisa nan pa nan buska nan mes zjurnal.

E zjurnal akí ta algu personal; e ta di bo.

Hopi éksito

PERSONALIA

E zjurnal akí ta pertenesé na:

Nòmber: ______________________________

Adrès: ______________________________

Telefòn: ______________________________

E-mail: ______________________________

Mi versíkulo preferí ta: ______________________________

____

Kontenido

Meta

Pensa tres meta ku bo ke traha riba dje den e temporada benidero. Pensa kosnan konkreto manera; drumi mihó, baha barika, kome ménos suku, yuda baha inflamashon, baha doló di kabes... ect. Bo mes pensa algun ku ta pas ku bo i yena aki.

TRES META PA MI SALÚ:

1.____

____

2.____

____

3.____

____

ORASHON

"Sí, p'esei mi ta dobla mi rudia dilanti di Dios Tata, ku a duna tur komunidat den shelu i riba tera nan eksistensia i nòmber. Mi ta pidiÉ pa for di Su rikesa glorioso i pa medio di Spiritu Santu, E fortalesé boso ku poder den profundidat di boso ser. I mi ta pidi pa Kristu biba den boso kurason pa medio di fe, pa boso keda ankrá den amor i pa esei sea boso fundeshi. Di e manera ei boso lo ta kapas di komprondé, huntu ku tur e fielnan, kon largu, hanchu, haltu i profundo amor di Kristu ta. Mi ta pidi pa boso konosé Su amor i asina keda yená ku e plenitut kompleto di Dios; e amor ei ta mas grandi ku kualke kos ku nos por konosé.

Gloria na Dios, ku por hasi infinitamente mas di loke nos por pidi òf pensa, pa medio di Su poder ku ta trahando den nos. Ku pa semper E haña gloria den iglesia i den Kristu-Hesus, siglo tras di siglo."

Amèn!

Efesionan 3:14

ORASHON

Jeremias 20:11 Ma SEÑOR ta ku mi manera **un guerero poderoso**; pesei esnan ku ta pèrsiguími lo trompeká i nan lo no prevalesé. Nan lo keda masha brongosá, pasobra nan a faya. Nan bèrguensa etèrno hamas lo wòrdu lubidá.

Deboshon

Konfia Dios

SKRITURA: Proverbionan 3:5-6

Aña a habri ku mi mama di 89 aña na kama. Na e momentu ei mi a sinti insigur pa ku futuro. Preokupashon a kuminsá okupá muchu espasio den mi kurason, i den mi mente.

E ora ei Dios a rekòrda mi ku ya E sa tur loke ta bin, i ku mi mester konfi'É. E konosé nos kamindanan, i E tin un plan. Nos por ta sigur ku semper e plan di Dios ta esun mihó pa nos. Dios nunka ta pidi nos pa solushoná tur asuntu nos mes. E ta djis pidi nos pa konfi'É, pa rekonosé Su liderazgo i Soberania den nos bida. E ta primintí di hasi nos kamindanan règt. No semper nos ta mira loke ta bin, pero Dios sí. Tin gran poder den konfia Dios. Pasobra E ta guia, pa nos siguridat ta fundá solamente riba djÉ i no riba nos sirkumstansianan, no riba otronan, no riba nos mes, òf nos mes maneranan di pensa. Dios ta fiel den guia nos i E ta mira e plachi kompletu. E ta trese klaridat i lus den tempunan konfuso. E sa kiko tin na e otro banda, kaminda nos no por mira. Su tempu ta perfekto asta ora nos ta sinti lubidá. No ta importá kon nos ta sinti òf kua nos situashon aktual por ta, nos por konfia ku e Presensia di Dios ta bai nos dilanti, hasiendo kamindanan règt, guiando i kuidando nos pasonan. Sigui skohe pa konfia.
Laga preokupashon lòs, i tene na Señor.
Tata Soberano, awe mi ta konfia Abo ku tur mi nesesidatnan, mi ta pidi Bo pa yuda mi kuida i protehá mi kurason di preokupashon òf di purba solushoná tur kos mi mes. Mi ta pidi pa Spiritu Santu tuma kontrol i duna mi sabiduria pa tene na Bo bèrdat. AMÈN!

Vivian Paulina

Edukashon Kontinuo

Génesis 1:11 “Laga tera produsí vegetashon, mata ku ta duna simia i palu di fruta….”

Kiko ta zeta esensial?

Zeta esensial ta úniko, pasobra e ta un produkto natural saká for di mata, flor, simia, kaska di e palu, taki, rais i otro parti di e mata. E zeta aromátiko akí ta puru i konsentrá i e tin e esensia di e mata den dje. Zeta esensial ta hole dushi, smak bon, i ta bon pa bo salú.
Ta usa zeta esensial den perfume, kosmétika i produkto pa limpia kas. Dor ku e zetanan esensial ta hole dushi, nan ta plasentero.
Den 'GreenLIFE' nos ta usa zeta esensial pa yuda kuida nos salú. Ta p'esei nos ta usa zeta esensial di promé kalidat. No solamente e ta hole dushi pero e ta terapéutiko. Esaki ta nifiká ku e ta yuda bo bira bon! Kurpa humano por aseptá zeta esensial fásilmente. Hende i mata tur dos ta konsistí di karbon, awa i oksígeno. Hende i mata tur dos tin DNA. Dor di esakinan kurpa humano ta usa e zeta pa yuda kaminda e kurpa ta débil i hende por bira bon.

1. Nos kurpa ta rekonosé e zeta esensial fásil
2. Nos kurpa ta reakshoná fásil riba e zeta esensial
3. Nos kurpa ta asimilá/digerí e zeta esensial fásil
4. Nos kurpa por usa e zeta esensial fásil pa trese e kurpa bèk den un balansa original

E zeta esensial mester ta 100% puru i liber di kualke 'fillers', loke ta reyeno. Esaki ta hasi ku e kurpa ta asept'é fásil pa balansá Metabolismo, desintoksiká, subi resistensia i yuda e kurpa bira bon. Por usa zeta esensial komo un alternativa orgániko pa bienestar di e kurpa malu. Uso di zeta esensial ta simpel. Bo por usa un zeta esensial riba su so òf kombiná ku otro zeta esensial. Nos ta yama e meskla akí un 'blend'. Pasobra e ta konsistí di mas ku un zeta esensial. Por ehèmpel

zeta esensial On Guard ta un blend.
On Guard ta konsistí di:

- Kaska di 'Wild Orange' (Citrus sinensis)
- Kaska di 'Clove' (Eugenia caryophyllata)
- Kaska i blachi di 'Cinnamon' (Cinnamomum zeylanicum)
- Blachi di 'Eucalyptus' (Eucalyptus globulus)
- Blachi i flor di 'Rosemary' (Rosmarinus officinalis)

Na otro banda, zeta esesial 'Peppermint' ta un zeta 'Single' pasobra den e bòter tin 100% zeta esensial 'Peppermint'. E no ta mesklá ku nada, ni ku zeta di koko. E ta 'single', un zeta so, i puru.
Tin tres manera pa usa zeta esensial: parse un espasio di mas

1. Hole (Aromátiko)
2. Hunta
3. Bebe

1. Hole:

Por pone un gota di zeta esensial den bo mannan, frega nan huntu i 'cup' e. Esaki ta ora bo forma un kùp ku bo dos mannan i inhalá profundamente for di dje. Otro manera di hole ta: Pone 5 pa 10 gota den un bòter di spùit ku awa i spùit kas, kama, kusinchi pa un holó dushi. Por pone tambe entre 3 pa 20 gota di zeta esensial den un difiuser pa saka un aroma dushi. Un difiuser ta un aparato elektróniko den kua bo ta pone zeta esensial i awa. E ta saka un huma, pa trankilisá bo, laga bo drumi dushi, purifiká airu òf kualke otro benefisio pa bo salú, dependé kua zeta esensial bo pone aden.

2. Hunta:

Usa bòter di 10 ml ku un ròl òn riba dje i pone 10 gota di zeta esensial aden i yen'é ku zeta di koko líkido pa hunta kurpa kaminda bo tin mester di kuido. Por hunta bou di pia, na pòls, na garganta, na frenta, den nèk, riba kurason, riba higra òf riba barika, riba wesu di lomba.(No usa zeta esensial sin kibr'é ku zeta di koko pasobra e por ta muchu fuerte pa bo kueru i hasi bo malu.)

3. Bebe:

Algun zeta esensial por bebe.
Wak riba e bòter pa bo sa kua por bebe i kua nò.
Tin algun ku e tapa di bòter grandi i esaki ta indiká ku e zeta ei NO POR BEBE. Algun di nan ta: Deep Blue, Wintergreen. No bebe esakinan NUNKA.
Sobrá si por bebe. Bo por usa un gota den un bòter di awa òf den un glas di awa. Por meskla ku te, awa kayente òf por kushiná ku algun pa duna smak, manera si ke traha algu ku ta smak di menta bo por usa 'Peppermint', òf usa Oregano den un sous òf pone 'Basilicum' den kuminda. Usa 1 gota so!

NUNKA NO USA ZETA ESENSIAL DEN WOWO, NANISHI òf OREA!!

Si bo pone un zeta esensial i e ta pika bo (di mas fuerte) basha èkstra zeta di koko ariba pa kibra su forsa. (Lab'é ku awa lo no yuda pasobra ta zeta, e no ta meskla ku awa i esei no ta kibr'é fásil.)

Puru

Ni maske kualke zeta esensial tin skirbí riba dje ku e ta 100% puru, esaki no ta nifiká ku e ta di bèrdat 100% puru. Pasobra zeta esensial ta kai bou di e lei di perfume. I nan no tin mester di registrá komo zeta esensial, pues nan por pone 'puru' riba nan bòter maske ta un parti di dje so ta e zeta esensial puru i sobrá ta otro kos no-puru; kisas reyeno.

Lesa e logo riba e etiketa pa bo sa sigur.

Edukashon Kontinuo

Génesis 1:11 “Laga tera produsí vegetashon, mata ku ta duna simia i palu di fruta….”

ZETANAN ESENSIAL

Adaptive - Benefisionan:

- Nr 1 zeta pa yuda ku ansiedat, strès, nèrvioso, depreshon i tristesa.
- Fatiga mental, miedu, lubidamentu i hansha
- Kabes yen i falta di konsentrashon
- Alzheimer i ADHD pa mucha i adulto
- Beibi intrankil, kolik
- Pèrdè sentido di holó
- Ploi, iritashon di kueru

Uso:

A. Pone un òf dos gota den bo man i inhal'é profundamente for di bo mannan. (Ripití esaki kada ora si ta nesesario te ora e ansiedat baha.)

Meskla por lo ménos 10 gota den un bòter di spùit i spùit den bo kamber, ofisina òf sala.

Pone entre 3 pa 15 gota den bo difiuser.

B. Meskl'é ku zeta di koko pa masashi na skouder i pia. Hunt'é riba pòls i tras di bo nèk.

Pone un par di gota den awa di baña.

C. Bebe un gota den glas di awa.

Balance – Benefisionan:

- Yuda balansá emoshonnan, ansiedat i strès
- Djimpi, epilepsia, Parkinson's
- Manehá rabia, odio, miedu, fèrdrit, trouma
- 'Jetlag' , kondishonnan neurológiko
- Un di e mihó zetanan pa yuda regulá hormona

Uso:

A. Frega dos gota den man i inhal'é profundamente tres bes.
Pone 3 pa 8 gota den difiuser.
B. Meskla ku zeta di koko i hunta bou di pia, pòls, wesu di lomba, tras di nèk i bou di nanishi.

Basil - Benefisionan:

- Yuda ku doló di orea, pèrdida di holó
- Migrèn, biramentu di kabes, nóusea
- 'Urinezuur' i reumatismo
- PMS i menstruashon
- Mordí i piká di insekto/bestia

Uso:

A. Apliká na área di orea (no den orea), bou di nanishi i tenchinan di pia.

B. Meskla ku 'Wintergreen', 'Peppermint' i zeta di koko i hunta na e sintínan di kabés, tambe na nèk i frenta. Hol'é profundamente tres bes.

C. Pa 'urinezuur' i reumatismo: riba wesu di lomba, bou di planta di pia, tras di orea, na ènkel i riba e área di kurason. Pa menstruashon: hunta e parti abou di barika.

Breathe – Benefisionan:

- Respirashon, pulmonia, asma
- Alergia, bròngitis, grip
- Tosamentu, nanishi será
- Sinusitis, polip den nanishi
- Drumimentu

Uso:

A. Pone un òf dos gota den man i frega huntu. Inhal'é profundamente for di e mannan.

B. Meskla dos gota ku zeta di koko i hunta riba e tabla di pechu i lomba. Hunta riba e pal'i nanishi i bou di nanishi. Hunta bou di pia. Evitá mishi ku wowo, orea i áreanan sensitivo.

Bergamot - Benefisionan:

- Yuda ku adikshon, depreshon, balor propio
- Insomia, strès, falta di apetit
- Preshon haltu i kolèsteròl
- Tosamentu, infekshonnan i bròngitis
- 'Schimmel', fungus, renwòrm, akné, eksema, psoriasis
- Doló di ligamentu i múskulonan

Uso:

A. Pone un òf dos gota den man i frega huntu. Inhal'é profundamente for di mannan.
Pone por lo ménos 6 gota den difiuser, por meskl'é ku otro zeta.

B. Por hunt'é riba lomba, garganta, bou di pianan, riba tabla di pechu i kara.
Hunt'é na bo lombrishi i riba bo kurason.

C. Por beb'é na kápsula. Pone dos gota den un kápsula i bebe.

Cedarwood - Benefisionan:

- Yuda ku ADD, ADHD, GABA
- Psoriasis i eksema, karni di djente
- Ansiedat, sínùs, tosamentu
- Ataka selebral i di kurason
- Vianan urinario, urineblaas, infekshon vaginal

Uso:

A. Pone 3 gota den difiuser pa ora di drumi

B. Aplik'é mesklá ku zeta di koko, tras di garganta, riba frenta, lomba, bou di planta di pia, riba e parti abou di barika. Meskla ku un gota di Lavènder riba e área di kueru afektá. Pa karni di djente: hunta riba kachete. Pa akné: meskl'é ku Melaleuca i zeta di koko.

Citronella - Benefisionan:

- Yuda kontra di sangura i insekto, pieu, karpata
- Efektonan di droga, alkohòl, narkótiko i tóksiko
- Inflamashon digestivo i di intestino
- Dolónan despues di operashon, hinchamentu di djoint
- Mal sirkulashon di sanger, batimentu di kurason
- Atakenan, preshon haltu, depreshon, drumimentu
- Mutuashon di sèlnan, tumor, produkshon di hormona

Uso:

A. Pone 5 gota den difiuser pa kore ku sangura. Por pone 'Peppermint' òf 'Lemongrass' huntu pa kore ku insekto. Hink'é den bòter di spùit huntu ku awa pa spùit kas i kushina.

B. Pa uso digestivo hunta parti ariba di barika, bou planta di pia. Igual pa efektonan tóksiko. Despues di atake selebral i di kurason, aplik'é riba e área di kurason, bou di pia, palu di pia i brasanan, dos bes pa dia. Pa trata depreshon, problema ku drumimentu etc., hunta tras di garganta, riba frenta i wesu di lomba, bou di planta di pia. Por us'é pa limpiesa tambe i deodorante.

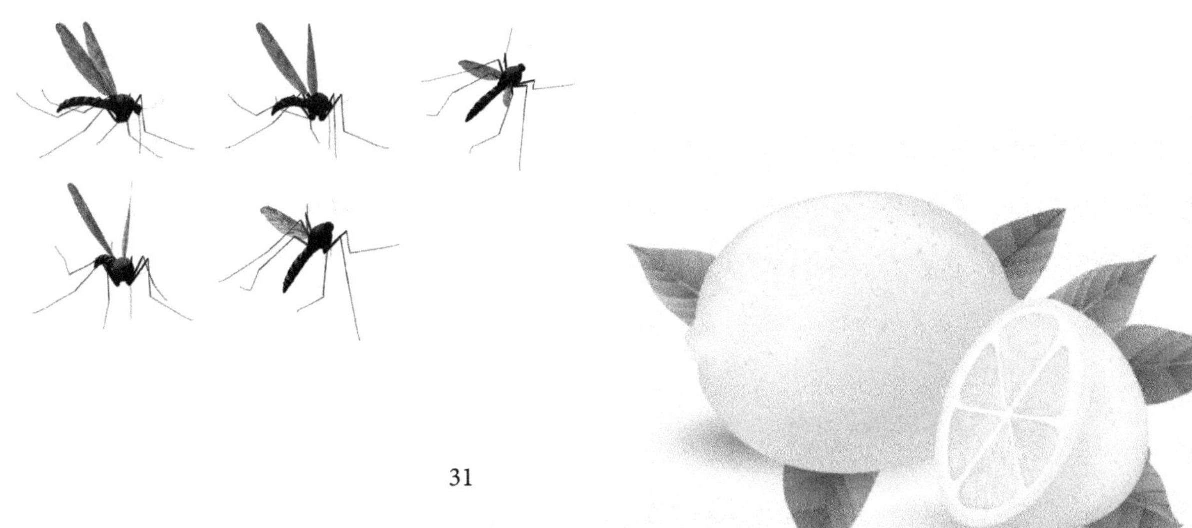

Cinnamon Bark - Benefisionan:

- Yuda ku diabétis, preshon di sanger i kolèsteròl
- Grip i ferkout, sistema imunológiko
- Higiena di boka, fungus(schimmel) i bakteria
- Infekshon di nir, salú vaginal
- Líbido abou, stimulante seksual
- Dolónan di múskulo

Uso:

A. Pone 2 gota den difiuser

B. Traha un meskla pa masashi kayente pa múskulonan doloroso, grip i ferkout.

C. Un gota den awa, te i bebe poko poko.

Pone den awa pa hasi gárgara(hòr) di boka i garganta.

Tuma dos gota den kápsula pa yuda ku infekshon, diabétis, preshon i kolèsteròl.

Clove - Benefisionan:

- Yuda subi sistema imunológiko (resistensia)
- Yuda prevení vírùs i ferkout
- Stimulá sirkulashon di sanger i metabolismo
- Yuda prevení kanser
- Usa ora di: doló di djente i orea
  (Nunka pone zeta esensial den orea. Hunt'é patras di orea.)
- Prevení mal aliento
- Usa ora tin úlsera na stoma
- Ta yuda ku salú kardio-vaskular, preshon di sanger
- Beibi ku ta saka djente

Uso:

A. Pone 3 pa 6 gota den difiuser pa limpia ambiente i hole dushi.

B. Pone Clove riba bo pasta di djente, por hasi gárgara(hòr) tambe kuné. Usa un gota den 10ml bòter di zeta di koko i hunta riba kachete di yu.

C. Guli dos gota den un kápsula. Pa doló di djente: tres gota riba pida katuna i morde riba dje pa 5 minüt.

Copaiba - Benefisionan:

Anti-inflamatorio, Anti-demensia, Memoria, Anti-Parkinson's

- Yuda limpia sanger i klaria kueru i kútis, kolagén
- Kanser i malesanan
- Outo-imun, anti-oksidante
- Sistema digestivo, higiena oral
- Anti-bakterial, salú kardio-vaskular
- Yuda drumi, 'urine-zuur', doló di spor
- Tripa floho, inkontinensia di urina, infekshon urinario
- Usa riba kueru kimá i ku a haña slá
- Yuda kura herida na pia di hende grandi
- Kontra infekshon i parasit
- Ta yuda kita doló
- Usa den produktonan di kosmétika (habon, loshon i shampu)

Uso:

A. Difius òf inhal'é profundamente

B. Freg'é - huntu ku Deep Blue - riba múskulonan inflamá. (Por agregá Lavènder, 'Wintergreen' i 'Frankinsence' si e situashon ta hopi difísil. Meskla ku zeta di koko pa hunta riba kueru iritá.)
Pone un òf mas gota direktamente riba herida na pia ku no ke sera. Hunta Copaiba riba e rant di e herida. Pon'é den bo loshon di kurpa di tur dia, den bo bòter di shampu i habon pa baña.

C. Pone un gota bou di lenga ora bo ta sinti nèrvioso.
Spula boka ku dos gota di Copaiba i unu di Peppermint den awa, pa aliento i kontra di infekshon.
Bebe un òf dos gota den bo glas di awa, òf te pa yuda ku doló di múskulo, rudia, heup, ènkel òf brasa.

Cypress - Benefisionan:

- Yuda ku mal sirkulashon di sanger, limpia higra i galblas
- Spatader i ambei; prostat, pánkreas i ovario
- Fluho di urina, edema i toksemia, sèlulitis
- Inkontinensia i pishimentu di kama
- Menstruashon pisá, endometriosis, kister i karni na matrís
- Tosamentu 'whooping' i spástiko

Uso:

A. Pone 3 gota den difiuser ora di drumi.

B. Aplik'é riba klirnan limfátiko, bou di brasa, bou di barika. Meskla ku Eucalyptus i traha un kòmprès kayente i hasi masashi.

DDR Prime - Benefisionan:

- Yuda kalma sistema nèrvioso, aliviá kurpa i mente
- Malesanan outo-imunológiko, inflamashon
- Regenerá sèlnan, kontra radikalnan liber
- Kanser i tumornan, estrogen, progesteròn
- Kandida, 'schimmel', firmesa di kueru
- Nèrvionan dañá, selebre, hòt flèsh, 'thyroid'(schildklier)

Uso:

A. Inhal'é den man òf pone algun gota den difiuser.

B. Bebe un gota den glas di awa tur dia pa yuda kuida pechu kontra di kanser.

C. Hasi masashi kuné. Hunta na pechu ku zeta di koko pa yuda preveni kanser i tumornan.

Hunt'é bou di planta di pia. Hunta tras di garganta, riba wesu di lomba, área di kurason.

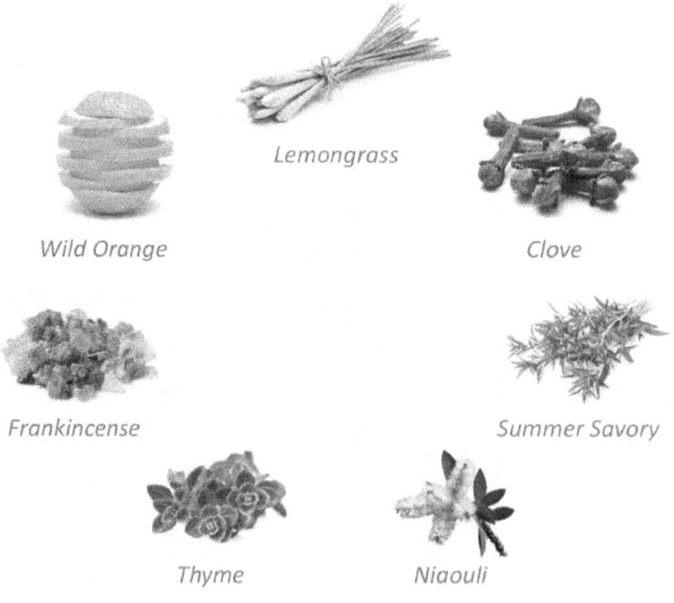

Deep Blue - Benefisionan:

- Nunka bebe 'Deep Blue'!
- Por usa 'Deep Blue' Lotion i 'Deep Blue' zeta
- Si e loshon ta traha si, pero no ta kita tur doló, por agregá un òf dos gota di e zeta den e loshon pa hasié mas stèrki i pa yuda kita e doló
- Usa pa tur tipo di doló
- E ta yuda ku doló di spir i wesunan, djente, kabes i nèk (tras di garganta)
- Siátika i doló di rudia, djoint, múskulonan kansá
- Artritis, fibromialgia, lupùs
- Dolónan di kresementu, weplèsh
- Hunta tur kaminda ora bo lastimá òf haña slá.
- Masashi terapéutiko profundo
- Doló di menstruashon
- Doló di kabes, migrèn i djente
- Doló di kákumbein ora djente ta morde anochi

Uso:

A. Usa 3 pa 6 gota di zeta 'Deep Blue' den difiuser pa yuda purifiká kas i kalma doló.

B. Kombiná 'Deep Blue' ku zeta di koko i hasi masashi na e área deseá. Si e kaso ta severo, por hunt'é tambe den kombinashon ku 'Frankincense Wintergreen, Copaiba, Lavender, Basil'.
Den kaso di doló di djente: hunta riba banda di kara.

C. Nunka bebe 'Deep Blue'!!

DigestZen - Benefisionan:

- Yuda ku molèster di stoma i gas, indigestion
- Kolik, diarea, konstipashon, tripa iritá
- Mareo pa motibu di ta na estado òf durante biahamentu
- Malesa di Crohn, kansansio króniko
- Shuata (Foodpoisoning)
- Sínùs será, kongestionamentu i tosamentu

Uso:

A. Pone dos gota den difiuser.

B. Apliká dos gota riba barika i stoma. (Esaki no tin mester di zeta di koko si ta pa hende grandi. Pa mucha si por pone zeta di koko aserka.)

Hunta na pòls, pechu.

Pa tosamentu, nanishi será: hunta riba pal'i nanishi, lombrishi.

C. Bebe un gota òf dos den un bòm di awa ora tin doló di stoma, blas, respumentu òf a kome di más.

Pone dos gota riba lenga ora ta respu hopi.

Pone dos gota riba lenga ora ta hik.

Tuma 3 gota den awa, òf te durante e promé siman di dieta di limpiesa i desintoksiká .

Eucalyptus - Benefisionan:

- Yuda ku bròngitis i pulmonia, tosamentu
- Malaria, kolibrí, asma, keintura
- Doló di múskulonan, doló di orea
- Kanser na pechu, piedra na nir
- Mente ku ta bai atrás

Uso:

A. Pone den difiuser huntu ku 'Lemon' òf 'Peppermint' pa un dushi aroma i yuda ku pulmon.
Pone 6 pa 9 gota di 'Eucalyptus' den difiuser pa kore ku sangura. Por kombin'é ku 'Citronella' i 'Peppermint'.

B. Frega 'Eucalyptus' riba tabla di pechu, pal'i nanishi i inhal'é for di mannan pa yuda ku bròngitis, asma, grip, pulmonia i tosamentu.

C. Meskl'é ku 'Peppermint' i hunta riba wesu di lomba pa baha keintura. Kibr'é ku zeta di koko i hunta tras di orea i riba orea (no aden) pa yuda baha doló, tambe riba pechu i suavemente riba área di nir. Pa yuda e mente, meskl'é ku 'Rosemary' i freg'é den man pa inhal'é profundamente algun bes.

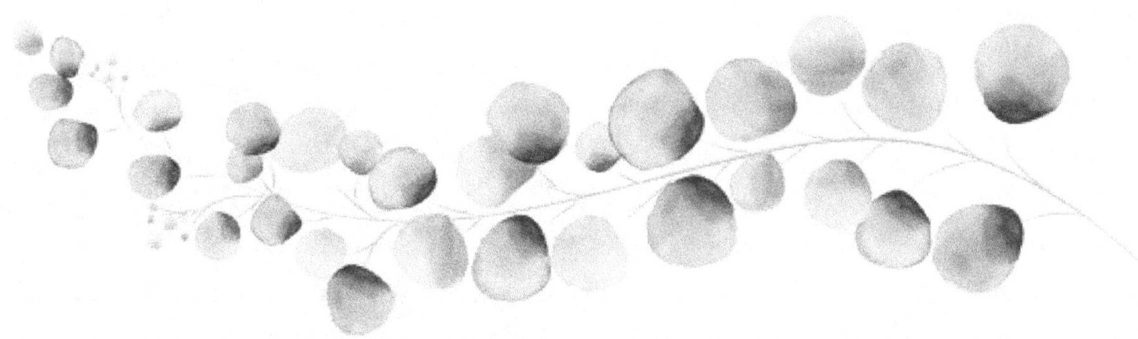

Frankincense - Benefisionan:

- Yuda sistema imunológiko i digestivo
- Kontra inflamashon, sèlnan dañá, kanser i tumor
- Sobrepeso, mancha, ploi, herida
- Depreshon, dehel, alergia
- Artritis, Alzheimer i demensia
- Doló di kabes, lomba, siátika

Uso:

A. Inhal'é for di bo mannan tres bes profundamente. Difius e den kombinashon ku 'Lavender' i 'Bergamot'.

B. Hunt'é despues di feita, riba herida, puru òf kibrá ku zeta di koko. Masashi bou di planta di pia.

Bebe un gota den awa diariamente; pone un gota riba shelu di boka.

Geranium - Benefisionan:

- Anti-inflamatorio, yuda limpia klirnan limfátiko
- Mancha di kara, kútis, akné
- Kanser, Alzheimer, Parkinson's, Sclerosis
- Depreshon, alergia, diabétis, hormona, líbido
- Kabei, herida i sangramentu, holó di kurpa
- Higra, galblas, pánkreas i nir

Uso:

A. Por hasi Terapia di Aroma pa kara. Pon'é den difiuser pa yuda relahá i kalma; asta por us'é komo kolonia.

B. Pone algun gota den bo 'moisturizer'. Agregá algun gota den bo shampu òf kondishonadó di kabei. Hunta riba e área afektá. Frega bo barika kuné. Hunta bou di brasa komo deodorante natural.

C. Pone un gota bou di bo lenga.

Ginger - Benefisionan:

- Yuda ku désbalanse di suku den sanger, hormona
- Doló di múskulo i kramp den spir
- Biramentu di kabes, mariamentu mainta
- Pèrdida di apetit, stoma ku ta bin ariba
- Mente i memoria, wesu ku a kibra
- Será di kurpa, doló di garganta

Uso:

A. Por difius e huntu ku 'Lemon' pa yuda habri nanishi será.

B. Meskl'é ku zeta di koko i hasi masashi riba múskulo. Si bo tin será di barika, meskl'é ku zeta di koko i frega poko poko riba barika, tambe riba wesu ku a kibra pa yud'é kura. Hunta e zeta mesklá ku zeta di koko riba pòls i bou di pia.

C. Bebe un gota di Ginger den un glas di awa pa biramentu di kabes, mente, hormona i suku. Pa stoma, meskl'é ku 'Lemon' i bebe den awa. Den kaso di biramentu di kabes i mariamentu, apetit i barika será: bebe un gota den un glas di awa lou. Hasi gárgara (hòr) kuné pa yuda aliviá doló di garganta.

Lavender - Benefisionan:

- Yuda ku drumimentu, strès i ansiedat
- Alergia, hooikoorts, sistema nèrvioso sentral
- Antibakterial, limpia herida i blar
- Tumor, kanser, preshon di sanger haltu
- Sistema imunológiko, kalma beibi
- Sangramentu di nanishi, migrèn, mancha di sikatris

Uso:

A. Hol'é dor di pone un tiki bou di nanishi pa yuda kalma. Pone den difiuser. Inhal'é pa problema di ansiedat i mordementu riba djente.

B. Aplik'é riba bo sintínan òf tras di kabes, bou di pia, riba pòls. Pa yuda regenerá kueru i kabei, meskl'é ku bo krema di kara i loshon pa kurpa, shampu, awa di baña. Hunta riba área di kurason, tras di nèk. Meskla djis un tiki den zeta di koko i frega suavemente riba lomba i barika i bou di pianan di beibi maluku, ku kolik.

C. Bebe un par di gota den glas di awa. Tene un gota bou di lenga huntu ku un gota di 'Peppermint' pa yuda ku alergia, baha preshon haltu i yuda ku asuntunan di kurason.

Lemon - Benefisionan:

- Anti-oksidante, purifiká aire
- Yuda ku problema ku urinamentu
- Kanalnan respiratorio, garganta iritá, sleim
- Piedra na nir i galblas, PH, limpiesa limfátiko
- Spatader, 'urine-zuur', reumatismo i artritis
- Konsentrashon, digestion, peso, edema (hinchamentu)
- Kanser, desintoksiká higra i nir

Uso:

A. Inhal'é i difius e.

B. Hunt'é tambe tras di orea i riba ènkel di pia pa balansá PH. Hasi masashi kuné riba palu di pia i bou di planta di pia pa yuda ku edema i retenshon di vògt.

C. Guli algun gota den glas di awa tres bes pa dia pa yuda ku piedra di nir i galblas.

Meskl'é ku Ginger i beb'é den awa pa yuda stoma.

Pa yuda ku alergia: beb'é ku 'Lavender i Peppermint'.

Lemongrass - Benefisionan:

- Yuda ku stoma i tripa, digestion i baha peso
- Balansá awa den kurpa, sirkulashon di sanger
- Preshon, kolèsteròl, 'thyroids' (Schildklier)
- Konstipashon, diaré, desintoksiká
- Yuda sana herida, prevení infekshon, 'yeast infection'('schimmel')
- Katarata, yuda mata sèlnan di kanser
- Artritis, sirkulashon, doló di kabes i spir
- Yuda baha keintura, grip i ferkout
- Yuda limpia nir, higra, pánkreas i blas

Uso:

A. Inhal'é profundamente pa yuda baha tenshon i hansha.

B. Frega na barika i stoma, garganta, kabes i kara (kibrá ku zeta di koko)
Pa yuda ku katarata hunt'é bou di bo di dos i di tres tenchi di pia.

C. Pa yuda ku katarata: Bebe dos gota dos bes pa dia.
Bebe un pa dos gota den un glas di awa.

Melissa - Benefisionan:

- Yuda kontra infekshon di vírús, keintura, grip
- Alergia, depreshon, ansiedat i shòk
- Heridanan di keintura, eksema, hèrpes
- Batimentu di kurason, preshon haltu
- Vertigo (biramentu di kabes)
- Mordí i piká di insekto, frèt, skup'i Dios
- Infertilidat, sterilidat, menstruashon
- Indigestion, disenteria

Uso:

A. Inhal'é profundamente i difius e.

B. Kombin'é ku zeta di koko i aplik'é bou di pia, riba wesu di lomba, pèshi, iritashon di kueru, barika, tras di garganta i riba nanishi i área di kurason. Pa piká di insekto, hunt'é direktamente.

C. Pa yuda kalma biramentu di kabes, ta hunta Melissa tras di orea i garganta.

Pon'é direktamente den bo shelu di boka i keda ten'é pa 5 -10 sekònde.

Myrrh - Benefisionan:

- Yuda ku 'schildklier' i salú imunológiko
- Yuda kontra infekshon i vírús
- Eksema i heridanan, kueru
- Kramp den stoma
- Karni di djente i sangramentu
- Nanishi será i hopi sleim

Uso:

A. Pa yuda habri kanalnan di hala rosea; pon'é riba pechu i difius e, inhal'é.

B. Hunta zeta esensial 'Myrhh' riba e karni di djente pa yuda fria doló i stòp di bludu. Aplik'é direktamente tras di garganta i bou di pia, riba barika òf riba e área afektá pa yuda e 'schildklier', stoma, herida i infekshon.

C. Tambe beb'é den kápsula òf algun gota den glas di awa.

On Guard - Benefisionan:

- Yuda bo sistema imunológiko, subi resistensia
- Yuda protehá kontra vírùs i malesanan den airu
- Salú kardio-vaskular, kansansio króniko
- Aliento di boka, sistema urinario, kueru
- Yuda restorá sèlnan, kura herida infektá
- Tosamentu, laringitis, antiséptiko

Uso:

A. Pon'é den difiuser pa yuda limpia airu i lanta bo energia.

B. Hunta riba e área afektá. Hunt'é bou di bo pia, riba e parti abou di bo barika.

C. Bebe un gota di On Guard den un glas di awa, meskl'é den awa pa hasi gárgara(hòr).

Peppermint - Benefisionan:

- Yuda ku gastritis i inflamashon di tripanan grandi
- Digestion, sakamentu di bientu
- Ulsera, asma i sinusitis, pèrdè holó
- Kimá i kimá di solo, tenshon muskular
- Eksponé na radiashon Gamma
- Outismo, memoria, keintura i hòtflèsh
- Aliento di boka, freska kurpa, alergia
- Doló di kabes ku tenshon, keda alerta
- Lechi di pechu, krese kabei

Uso:

A. Inhal'é profundamente for di bo mannan tres bes.

B. Hunt'é riba barika i stoma. Hunta tras di bo orea i riba frenta pa yuda ku tenshon den kabes. Hunt'é riba tabla di pechu i bou planta di pia pa yuda ku asma i sinusitis.

C. Bebe 'Peppermint' den te kayente, òf den awa friu pa yuda aliviá malestar. Meskl'é den awa ku 'Lemon' pa laba boka. Bebe un kápsula ku awa si bo a keda eksponé na radiashon di Gamma. 'Peppermint' su 'softgels' ta yuda ora bo tin molèster di gas. Pone un gota riba lenga.

Roman Chamomile - Benefisionan:

- Yuda ku strès i shòk, rabia i agitashon
- Kueru, piká di insekto,
- Preshon di sanger, drumimentu
- Doló di lomba, siátika, menstruashon
- Keintura, doló di orea, wangui, apetit
- Alergia, wowo ku ta grawatá

Uso:

A. Difius i inhal'é profundamente.

B. Pa yuda kueru, pone dos gota den bo krema òf produkto pa kuido personal. Hunta bou di pia anochi, riba área di kurason, wesu di lomba, frenta, tras di garganta. Pa kramp den barika, hunta riba barika.

C. Bebe un gota den glas di awa.

Rose - Benefisionan:

- Yuda ku infekshonnan bakterial, kanser
- Depreshon i tristesa
- Ovulashon iregular i menstruashon
- Ataka selebral, nerviosismo
- Ploi, kara i manchanan kòrá
- Apetit seksual, produkshon di simia
- Impotensia i pròstat

Uso:

A. Difius e i inhal'é. Kombin'é ku Jasmine òf Neroli pa us'é komo perfume.

B. Meskla ku zeta di koko i hunta riba barika, área di kurason, bou di pia, tras di garganta. Pa yuda ku asuntunan di hende hòmber: frega un gota riba lombrishi i bou di planta di pia.

Rosemary - Benefisionan:

- Yuda ku kanser, memoria i fokus
- Asma i infekshon respiratorio
- Prostat i pishimentu di kama
- Kaimentu di kabei i kaska
- 'Bell's palsy' i 'Multiple Sclerosis'
- Kansansio mental, adrenal i króniko
- Dehel, higra, nir, sèlulitis
- Jètlèg, kaimentu di flou, depreshon, adikshon

Uso:

A. Difius e i inhal'é profundo.

B. Hunta bou di pia, spesialmente anochi i beb'é den kápsula pa yuda ku kanser, prostat, dehel, higra i nir, 'Bell's Palsy' i 'Multiple Sclerosis'. Pa yuda ku memoria i keda enfoká, hunta 'Rosemary' na frenta, bou di nanishi i tras di orea. E ta yuda hende di edat pa nan papia mas kla. Hunta riba e parti abou di barika pa yuda evitá lanta hopi bai uriná anochi. Pone un tiki 'Rosemary', "Basil" i 'Peppermint' bou di bo nanishi pa yuda ku kansansio. Riba lomba i tras di garganta. Meskla 5 gota ku zeta di koko i hunta e kueru di kabes. Laga para pa 10 minüt promé ku laba e kabei ku shampu.

C. Bebe dos gota den kápsula pa yuda e prostat keda salú, aliviá kramp den múskulonan i yuda kura dehel, higra inflamá? i nir.

Sandalwood - Benefisionan:

- Yuda kueru i kueru di kabes seku
- Sikatrís i manchanan, herida i infekshon
- Kramp, infekshon di sínùs, drumimentu
- Yuda ku kanser i tumornan, Alzheimer
- Testosteròn i impotensia
- Relahá i kalma

Uso:

A. Difius i inhalá.

B. Hunta riba kueru, agregá na shampu. Hunta bou di nanishi. Apliká riba área konserní. Tambe frega bou di pia i tras di lomba i nèk pa yuda kontra Alzheimer.

C. Beb'é den un kápsula pa yuda kura tumornan i kanser.

Slim & Sassy - Benefisionan:

- Yuda ku sobrepeso, metabolismo ku ta traha abou
- Malesanan di komementu i apetit
- Sèlulitis, kansansio, ferkout
- Klirnan limfátiko, suku den sanger
- Digestion, desintoksiká, kalma
- Malesanan urinario, kolèsteròl

Uso:

A. Pone algun gota den difiuser òf inhalá profundamente for di e bòter den kaso di kansansio eksesivo i pa yuda stimulá klirnan limfátiko. E ta yuda habri apetit.

B. Hunta un tiki bou di nanishi. Por hunta e zeta riba áreanan di sèlulitis, tambe bou di planta di pia.

C. Pa yuda ku sobrepeso, tuma 1 te 5 gota den awa sinku bes pa dia. Pa yuda balansá apetit: por pone un gota bou di lenga. Pa e otro malesanan, por bebe 1 te 2 gota den glas di awa.

Spearmint - Benefisionan:

- Yuda ku indigestion, biramentu di kabés i kolik
- Mal aliento, respirashon, bròngitis
- Akné, manchanan, migrèn, strès
- Keintura, depreshon, kansansio
- Menstruashon, problema pa fokùs

Uso:

A. Difius e i inhal'é pa yuda habri vianan respiratorio i yuda kontra kansansio i depreshon i doló di kabes.

B. Aplik'é riba barika, pechu, lomba i nèk. Tambe bou di nanishi pa yuda keda di fokùs. Pa yuda ku doló di kabés i migrèn, hunt'é na bo sintínan di kabes i tras di garganta.

C. Beb'é den kápsula òf dos gota den glas di awa. Por usa 'Spearmint' tambe den awa pa laba boka pa yuda kita mal aliento.

Spikenard - Benefisionan:

- Yuda ora di djimpi, kramp di múskulo, stùipi
- Drumimentu, strès i tenshon
- Infertilidat, menstruashon, PMS
- Desintoksiká, sèlulitis, urinamentu
- Malesanan terminal i vaginal
- Ulsera, gas, indigestion
- Iritashon di kueru i di wowo
- Blokeo emoshonal, depreshon

Uso:

A. Difius e zeta esensial Spikenard (Nardo). Kombin'é ku otro zeta esensial pa traha bo propio perfume personal.

B. Hunt'e bou di pia pa yuda drumi bon i baha tenshon. Pon'é den bo krema pa kara. Aplik'é riba barika, tras di garganta i pòls . Meskl'é ku zeta di koko i aplik'é ku kuidou rondó di wowo.

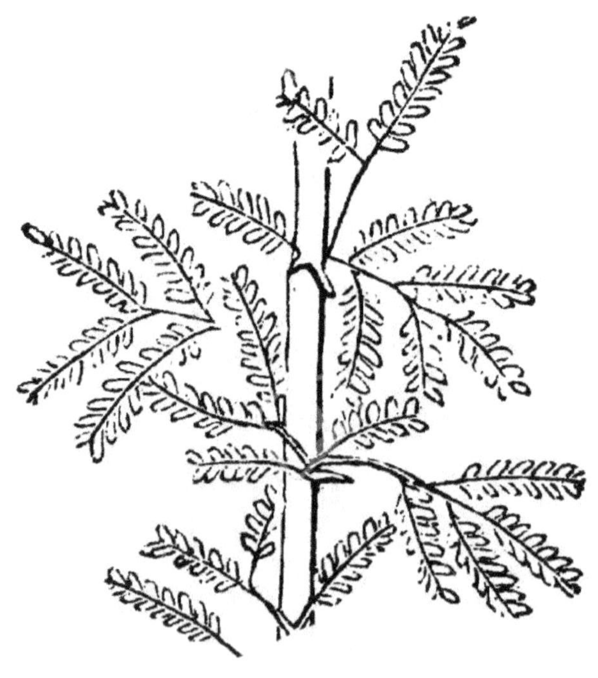

Tea Tree (Melaleuca) - Benefisionan:

- Yuda ku heridanan, pèshinan di keintura
- Infekshon di orea, bakteria, vírùs,
- Diarea, kandida, iritashon di garganta
- Kaska den kabei, sarna, pieu, pruga
- Grip, bròngitis, ferkout, kaimentu den shòk
- Wowo ku ta grawatá, rèsh, iritashon di kueru
- Karni di djente, karni di djente iritá?, karies
- 'Schimmel' di tenchi di pia

Uso:

A. Pa yuda ora di bròngitis, ferkout i grip, pon'é den difiuser pa yuda aliviá halamentu di rosea.

B. Hunta e zeta pa yuda limpia i desinfektá herida. Meskla ku zeta di koko i hunta riba e área konserní, riba kara ku pèshi, djente, rondó di wowo. Pone algun gota den bo shampu i laba e kabei. Hunt'é tras i rondó di e orea afektá (no den dje.) Pa un ku a kai den shòk, hunt'é bou di su nanishi i riba su wesu di lomba. Hunta bou di pia.

C. Bebe algun gota den glas di awa. Hòr kuné den awa lou pa yuda aliviá garganta iritá. Tambe freg'é te patras di lenga òf riba shelu di boka.

Thyme - Benefisionan:

- Yuda ku grip, ferkout, asma, pulmonia
- Preshon abou, inkontinensia, infekshon di blas
- Problema ku memoria, konsentrashon, demensia
- Infertilidat, progesteròn, pechu, ovario i prostat
- Karni den matris ('vleesboom') i kanser
- Doló di múskulonan, kansansio, depreshon
- Pèrdèmentu di kabei, kandida i parásito

Uso:

A. Inhalá diréktamente for di e bòter òf for di bo mannan pa yuda habri kanalnan di rosea i yuda kombatí kansansio, strès i problemanan ku mente. Difius ora ta bai drumi anochi.

B. Meskl'é ku zeta di koko i hunta riba tabla di pechu i puntonan di refleho di pia. Freg'é tras di garganta/nèk pa yuda memoria i sesunan saludabel. Riba pòls i bou di pia pa yuda subi preshon abou. Kombin'é ku 'Wintergreen' pa yuda fria doló. Meskl'é ku Basil i hunt'é pa yuda baha kansansio i strès. Pone un par di gota den bo bòter di shampu pa yuda stimulá kresementu di kabei.

C. Tuma un pa dos gota den glas di awa. Bebe un gota huntu ku Geranium pa yuda ku inkontinensia i infekshon di blas.

Turmeric - Benefisionan:

- Yuda ku kanser, tumor, malesanan outo-imunológiko
- Artritis, hinchamentu i doló di djointnan, 'urinezuur'
- Reumatismo, infekshon di schimmel, bakteria i vírùs
- Alzheimer, ataka di kurason i sanger abou
- Limpia sanger, klirnan limfátiko, higra i galblas
- Wangui i parásito, akné, eksema i psoriasis (malesa di kueru)
- Depreshon i ansiedat, úlsera, gas i indigestion
- Mal sirkulashon, diabétis, metabolismo i kolèsteròl
- Tosamentu, bròngitis, higiena di boka, doló menstrual
- Kontra piká di insekto, repelente (kore ku insekto)

Uso:

A. Inhal'é profundamente for di bo palmanan di man pa yuda kalma ansiedat, depreshon, tosamentu etc. Pon'é den difiuser.

B. Hunta riba e área konserní. Pa yuda ku Alzheimer, hunta tambe riba frenta, tras di orea, riba wesu di lomba i bou di pia. Pone algun gota den bo produktonan di kuido pa kueru. Pa yuda ku problemanan respiratorio hunta riba pechu i lomba. Komo repelente, kombin'é ku 'TerraShield' i hunta kurpa pa yuda evitá molèster di sangura i muskita.

C. Bebe un òf dos gota diferente bes pa dia. Pa yuda ku higiena di boka, añadí un tiki riba bo skeiru di djente òf den bo awa di hawa boka i hasi gárgara (hòr). Por kushiná tambe ku 'Turmeric'.

Vetiver - Benefisionan:

- Yuda ku ADD, ADHD, konsentrashon i fokùs
- Difikultat pa siña i keda kòrda
- Depreshon i ansiedat, drumimentu
- Anorèksia, vitiligo, tuberkulosis
- Pechu muchu grandi
- Depreshon despues di parto
- Markanan di embaraso, sikatrís

Uso:

A. Pone den difiuser anochi pa yuda ku drumimentu.

B. Den kaso di ADHD i falta di konsentrashon i fokùs, hunt'é tras di garganta, riba wesu di lomba i bou di nanishi. Pa yuda ku siñamentu: aplik'é tras di garganta i bou di nanishi. Meskl'é ku Melissa i freg'é tras di garganta, riba frenta i pòls pa yuda kontra depreshon i ansiedat. Promé ku drumi, hunta bou di pia, riba lomba i nèk. Meskl'é ku zeta di koko pa hunta riba pechu i áreanan konserní.

Wintergreen - Benefisionan:

- Yuda ku reumatismo, doló i 'urinezuur'
- Artritis i sirkulashon di sanger
- Krampnan i neuralgia(dolónan di nèrvio)
- Doló di wesu i mal kresementu
- Infekshon di blas i piedra na nir
- Kueru i kaska di kabei
- Blesura na kartilage

Uso:

A. Meskla ku zeta di koko i apliká riba e área konserní pa yuda fria doló. Pone un par di gota den bo shampu i frega den bo kueru di kabes, pa yuda kita kaska. Hunt'é ku zeta di koko riba barika i pone un 'hot pack' (kòmprès) pa ten'é kayente pa yuda ku infekshon di blas i piedra na nir.

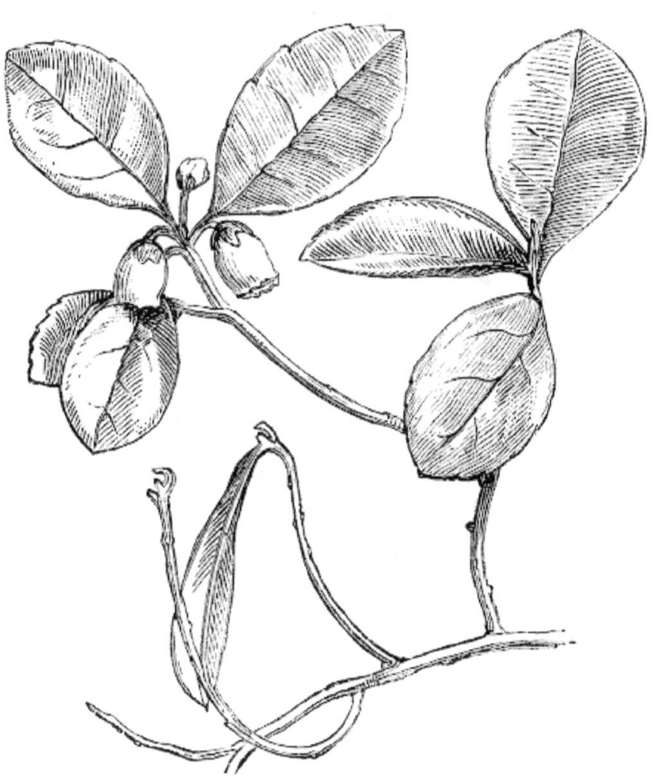

Yarrow - Benefisionan:

- Yuda kontra hemoragia i sangramentu, herida di paden
- Spatader i ambei, kueru ku ta enbehesé
- Menstruashon iregular i menopousa tempran
- Depreshon, ansiedat, kansansio
- Doló, inflamashon, artritis i reumatismo
- Keintura, infekshon di vírùs i alergia
- Sirkulashon i sodamentu, higra, stoma i tripa
- Kanser, daño kousá pa radikalnan liber, ovario
- Akné, eksema, pèrdèmentu di kabei,
- Indigestion, respumentu, úlsera, respirashon
- Inbalanse di suku den sanger, doló di djente

Uso:

A. Inhal'é profundamente for di bo mannan ku bo a frega ku un gota di zeta di 'Yarrow'.

B. Meskla ku zeta di koko i hunta riba área afektá i pone kòmprès kayente pa e zeta por penetrá mas profundo. Pa yuda ku problema ku menstruashon i menopousa, apliká riba barika, pone algun gota den un baño lou i sinta den. Pa yuda sirkulashon, tuma un baño di stom(vapor) ku ta pone bo soda i saka tóksikonan for di kurpa.

C. Gulié den kápsula òf un gota den glas di awa. Por hunta riba djente i karni di djente.

Ylang Ylang - Benefisionan:

- Yuda ku batimentu di kurason iregular, ansiedat
- Miedu i strès, frustrashon
- Biramentu di kabés, preshon haltu
- Kansansio di mente i kurason, falta di pèp
- No por sali na estado, desbalanse di hormona
- Kabei ta kai, kueru ta muchu fèt
- Doló di stoma, kolik

Uso:

A. Pa yuda trata ansiedat, preshon haltu, batimentu di kurason i biramentu di kabes, pone un gota den palma di man, frega mannan den otro i inhalá profundamente tres bes. Ripití si ta nesesario. Tambe por difius e zeta 'Ylang Ylang' den bo kamber henter anochi pa e keda den e aire.

B. Hunta e zeta na puntanan di preshon. Frega riba bo wesu di lomba, tras di bo nèk, riba frenta i tras di orea, tambe riba área di kurason. Pa yuda kalma ansiedat, por hunta un tiki bou di bo nanishi tambe i frega e zeta bou di bo planta di pia. Pa yuda ku kabei: meskl'é ku zeta di koko i hasi masashi na bo kueru di kabes.

C. Pone un gota di 'Ylang Ylang' bou di bo lenga. Bebe e zeta den un kápsula.

Zendocrine - Benefisionan:

- Yuda kontra será di kurpa, infekshon di kanalnan di urina
- Limpiesa di nir, higra i galblas
- Bahamentu di peso i desintoksikashon
- Dehel i kolik
- Desbalanse di hormona
- Kansansio kontinuo

Uso:

A. Meskl'é ku zeta di koko pa hunta riba barika i bou di planta di pia i tras di garganta, pa yuda ku será di kurpa, dehel, kolik, hormona i kansansio kontínuo.

C. Bebe un kápsula di 'Zendocrine' òf algun gota den un glas di awa, pa yuda limpia nir, higra, galblas i yuda baha di peso.

Edukashon Kontinuo

Salta kachó, salta su rabu. (1. Si bo ta hasi un kos, hasi esei bon mesora.)

Edukashon Kontinuo

ORASHON

DIFFUSER PA MI KAS

BISHITA

2 gota Peppermint
2 gota Roman Chamomile
2 gota Lavender
2 gota Lemon
2 gota Wild Orange
2 gota Grapefruit

IMUNIDAT

3 gota Peppermint
2 gota On Guard
1 gota Frankincense
2 gota Clove
2 gota Cassia
2 gota Wild Orange

SALA

ENERGIA

2 gota Rosemary
2 gota Peppermint
2 gota Lemon
3 gota Wild Orange
3 gota Peppermint

PAS I FELISIDAT

3 gota Peace
3 gota Siberian fir
2 gota Frankincense
3 gota Lavender
3 gota Bergamot

KUSHINA

PURIFIKÁ

4 gota Frankincense

2 gota Tea Tree

2 gota Lemon

HOLE DUSHI

2 gota Lemongrass

5 gota Tea Tree

4 gota Clove

KUSHINA FRESKU

2 gota Lemon

1 gota Lime

2 gota PurifY

KAMBER DI DRUMI

DRUMI SOÑA

3 gota Cedarwood

3 gota Clary Sage

1 gota Vetiver

TIRA UN KABES

4 gota Neroli

2 gota Marjoram

2 gota Patchouli

BAN TOPA

2 gota Cedarwood

2 gota Rosemary

2 gota Lavender

KANTA PA MI

3 gota Cedarwood

1 gota Vetiver

1 gota Sandalwood

HMM DRUMI DUSHI

2 gota Lavender

2 gota Marjoram

2 gota Sweet Orange

2 gota Roman Chamomile

BRISA DI SOÑO

3 gota Frankincense

2 gota Lavender

2 gota Marjoram

1 gota Vetiver

BEYESA DRUMI

4 gota Bergamot

2 gota Marjoram

2 gota Lavender

KARISIÁ MI

1 gota Patchouli

4 gota Frankincense

3 gota Sweet Orange

NÒKOUT

4 gota Vetiver

4 gota Cedarwood

4 gota Petitgrain

KALMA BEIS

3 gota Ylang Ylang

3 gota Wild Orange

2 gota Lavender

KEDA KETU

3 gota Lavender

2 gota Lime

2 gota Copaiba

HALA ROSEA

2 gota Roman Chamomile

3 gota Lavender

2 gota Wild Orange

LANTA ÁNIMO

4 gota Peppermint

1 gota Frankincense

4 gota Lemon

LANTA ARIBA

3 gota Bergamot

2 gota Wild Orange

2 gota Peppermint

DRUMI DUSHI

3 gota Cedarwood

3 gota Lavender

2 gota Copaiba

STRÈS RELAHÁ

TRANKILO

3 gota Balance

3 gota Serenity

1 gota Vetiver

HALA ROSEA DUSHI

4 gota Peace

2 gota Lavender

2 gota Frankincense

TRANKILO

3 gota Balance

3 gota Serenity

1 gota Vetiver

HALA ROSEA DUSHI

4 gota Peace

2 gota Lavender

2 gota Frankincense

ENERGIA

Forsa

1 gota Peppermint

1 gota Wild Orange

1 gota Lime

Trankilidat

3 gota Balance

3 gota Elevation

Animo

4 gota Grapefruit

2 gota Eucalyptus

2 gota Rosemary

Edukashon Kontinuo

ORASHON

ORASHON

Edukashon Kontinuo

Skema di Komementu di GreenLIFE

Mainta:

Na ayuno bebe un kuchara di 'Apple Cider Vinegar' (ACV - "With the mother") ku un gota di "lemon" den un glas di awa.

Bebe bo 'Green Smoothie', Kòfi i Te.

Webu tur sorto di forma drechá ku ham, sosèshi, spèki òf keshi. Bo por bebe sòpi, kome sobrá di kuminda di ayera i traha 'wrap' di salada Romano. Òf bo por yuna.

Añadí bèrdura bèrdè. Tuma bo vitaminanan.

Mèrdia:

Bebe bo buyòn ku salu (Himalaya òf 'sea salt').
Por kome salada, kualke bèrdura, i skohe for di tur sorto di karni.
Tuma bo vitaminanan.

Atardi:

Skohe for di bèrdura i karni, sòpi, salada òf sobrá di kuminda.
Tuma bo vitaminanan.

'Smoothies' / Batido

'Green smoothie':

Awa (na bo smak)
Kònkòmber (1 dependé e grandura)
Sèlder merikano (2 pida)
Silantro i Peterseli (3 pida)
Keil ('boerenkool') (6 pida di vris)
Brokolí (5 pida di vris)
Salada romano (3 pida òf 1 man di salada fresku)
'Microgreens' (keil òf brokolí 1 man)
Awakati 1/2
Gèmber (grandura di 1 dùim)
1/2 Sitrun
'Berries' (na bo smak)
1 Kuchara di e meskla di 'chia seed' i 'flaxseed.'

'Green smoothie' suave

Awa (na bo smak)
Spinashi di vris (5 pida) òf 1 man di fresku)
Kònkòmber 1 (dependé e grandura)
Sèlder di Kòrsou (2 pida)
Peterseli (2 pa 3 pida)
Salada di Kòrsou (5 pida)
Silantro (2 pa 3 pida)
'Hemp seed oil' (1 kuchara)
1/2 Sitrun
'Berries'

'Smoothie' anti-inflamashon

Awa na bo smak. No bebe di mas ni di ménos
'Microgreens mix' (1 man)
Kònkòmber (1 dependé e grandura)
Sèlder merikano (2 pida)
Silantro (3 pida)
Peterseli (3 pida)
1/2 dùim di gèmber
1 dùim di 'turmeric'
1 telep di 'black pepper'
1 man di salada di Kòrsou i 1 man di salada romano
1/2 awakati
'Berries' (na bo smak)

1 Kuchara di kome di 'flaxseed oil'

ORASHON

Edukashon Kontinuo

TESTIMONIO Famia Alfred i Gilda

Pa aña 2020 nos a skohe pa biba un bida mas salú i baha di peso. Nos a keda aserká pa un amistat di nos ku e sistema di 'GreenLIFE', mas spesífiko: Edukashon Kontínuo, Biba Salú ku Luisette Kraal!

Komo pareha nos a skohe pa 'try out' e sistema akí i wak kiko e tin diferente for di otro sistemanan. Tabatin desishonnan difísil i duru pa tuma tokante nos sistema di kome, nos struktura di kome i nos disiplina di kome. Asta tin biaha nos a pensa, sigui òf legumai i bai bèk na nos sistema kustumbrá.

Tabata momentonan di perseveransia huntu ku konsistensia i ku nos bista fihá riba Señor, pasobra huntu ku kambio i transformashon den nos kurpa físiko, nos ta nota kambio den nos bida spiritual tambe.
Mi kasá ta un pashènt diabétiko i ami un pashènt di preshon. E tabatin un bahada asina bunita den su suku, ku diabétis ku dòkter di Poli a baha su kantidat di remedinan di suku i asta kanselá unu. Mi preshon ta mas bou di kontròl. I riba tur kos nos ta hopi gradesido ku atrabés di e sistema di 'GreenLIFE' akí nos por a baha di peso. Ma loke ta mas importante: nos ta bibando un bida mas salú!

Perseveransia i konsistensia! Nos ta hopi kontentu di a skohe pa purba 'GreenLIFE'.

Dios sigui bendishoná Luisette i famia rikamente.

Alfred & Gilda - 11 di mart 2021

ENFERMEDAT i AFLIKSHON

Aki ta sigui algun enfermedat hopi komun i algun uso di zeta esensial i suplemento ku por yuda. No ta nesesario pa usa tur e zetanan. Kuminsá ku loke bo tin. Dor ku kada hende ta diferente i ta reakshoná na nan mes manera riba e zetanan, bo ta purba wak kua zeta ta bai ku bo. Konsultá ku bo dòkter pa sa si bo salú ta permití pa bo usa nan. E zetanan no ta remplasá bo remedinan di dòkter, pero nan ta yuda bo ku bo malestar.

1. Alergia:

Respiratorio:

- Pone dos gota di Lavender, 2 di Lemon i 2 di Peppermint den treskuart kùp di awa i bebe. Ripití esaki kada mei ora, te ora ku bo sinti alivio.
- Traha un te kayente di Cinnamon, Clove, Eucalyptus, Lemon, Oregano, Rosemary òf Thyme. Inhalá e stom un ratu i despues bebe e te poko poko.
- Difius Oregano i Breathe i inhalá.

Pa alergia kontra piká di insekto:

- Hunta un òf mas di e siguiente zetanan esensial: Basil, Lavender, Lemon, Melaleuca (TeaTree), Peppermint, Roman Chamomile, Rosemary, TerraShield.
  Pa alergia kontra bestia (lana di pushi, kachó):
- Lavender, Roman Chamomile, Zendocrine i Breathe.

2. Doló:

- Traha un meskla di e siguiente zetanan esensial huntu ku zeta di koko i hunta riba e área afektá: Deep Blue, Wintergreen, Turmeric, Copaiba, Peppermint i Helichrysum.
- Hunta e Deep Blue Rub algun bes pa dia.
- Bebe den glas di awa un kápsula òf algun gota di: Turmeric, Copaiba, Peppermint òf Helichrysum.

3. Diabétis/Suku den sanger:

- Hunta 2 pa 3 gota di Cinnamon òf On Guard tur dia bou di pia.
- Bebe 2 pa 3 gota di Cinnamon, Rosemary i Turmeric tur dia i hunta nan tambe dos tres bes pa dia bou di pia.

4. Grip:

- Hunta riba lomba, bou di pia, riba pechu, frenta un meskla di e siguiente zetanan huntu ku zeta di koko: Frankincense, Lemon, Oregano, On Guard, Melaleuca (TeaTree).
- Difius Peppermint, On Guard, Oregano i Frankincense.

5. Inflamashon:

- Hunta un meskla di Deep Blue, Copaiba, Spearmint, Frankincense i Bergamot ku zeta di koko.
- Hunta despues e Deep Blue Rub.
- Bebe 'softgel' di Deep Blue.

6. Drumimentu, Insomia:

Pa yuda drumi bon:

- Frega Vetiver bou di pia.
- Frega un gota di Wild Orange den bo man i inhal'é profundamente tres bes promé ku drumi.
- Difius algun zeta huntu, manera: Balance-Copaiba-Serenity // Roman Chamomile-Vetiver-Lavender // Bergamot-Cedarwood-Frankincense.

7. Kara/Kútis:

Pa asuntunan di kútis, kueru i kara, e siguiente zetanan esensial tin nan proporshonnan ku por yuda spesífikamente:

- Lavender: yuda kura i mantené kueru saludabel.
- Sandalwood: yuda regenerá kueru nobo i duna tono/koló na kútis.
- Geranium: tambe ta promové formamentu di kueru nobo i duna koló bèk na kueru.
- Frankincense: duna kueru vigor, bida i ta redusí inflamashon.
- Helichrysum: yuda forma kueru i yuda evitá sikatrís mahós.

Semper meskla e zetanan esensial ku zeta di koko puru, ya ku nan ta hopi fuerte, spesialmente pa kútis di kara.

8. Kimá: (di kandela, elektrisidat, kímiko, solo etc.)

- Hunta un meskla di Lavender, Frankincense, Tea Tree, Peppermint, Oregano, huntu ku zeta di koko, dos pa tres bes pa dia riba e kimá.
- Pa yuda fria e doló por hunta: Lemongrass i Marjoram tambe.

9. Kolèsteròl haltu/abou:

E siguiente zetanan esensial ta yuda bon pa balansá kolèsteròl: Lemongrass, Clove, Lavender, Cypress, Cinnamon Bark, Myrrh, Basil, Bergamot, Oregano, Ginger.
Algun otro zeta esensial mas ku por yuda ta: Turmeric, Slim & Sassy, Thyme, Coriander i Rosemary.

10. Menopousa:

- Bebe 2 pa 3 gota di Clarysage, Thyme, Frankincense i Geranium òf Turmeric, Copaiba i Marjoram.
- Hunta 3 pa 4 gota di Clarysage, Geranium, Peace, Cypress òf Deep Blue riba barika i bou di planta di pia dos pa tres bes pa dia.

11. Menstruashon:

Hunta algun di e siguiente zetanan aki bou, mesklá ku zeta di koko, bou di pia, riba parti abou di barika.

- Fluho pisá: Clarysage, Cypress, Fennel, Frankincense, Geranium, Helichrysum, Thyme, Yarrow, Zendocrine.
- Ousensia òf tiki fluho: Basil, Cedarwood, Clary Sage, Geranium, Juniper Berry, Roman Chamomile, Rosemary, Yarrow.
- Hopi doló: Copaiba, Frankincense, Lemongrass, Peppermint, Spikenard.

12. Preshon di Sanger:

- Haltu: Hunta 2 pa 3 gota di Frankincense i On Guard bou di pia dos, tres bes pa dia. Bebe 2, 3 gota di Rosemary, Coriander i On Guard den glas di awa.
- Abou: Bebe 2, 3 gota di Marjoram i On Guard den glas di awa.

13. Prostat:

- Apliká dos pa tres gota di Balance bou di pia, tur mainta i anochi promé ku drumi.
- Promé ku kome, bebe 2 pa 3 gota/'softgel' di DDR-Prime.
- Hunta riba hilchi di pia, parti abou di barika i parti paden di bèl di pia, 2-3 gota di DDR-Prime. Pa riba barika pone Juniper Berry i zeta di koko aserka. Mainta i anochi.
- Tene algun gota di Frankincense bou di lenga un ratu i despues guli nan.
- Traha un meskla di Rosemary, Balance, Juniper Berry, DDR-Prime, Cypress i zeta di Koko i hunta kurpa.

14. Spatader:

Hunta un meskla di e siguiente zetanan esensial ku zeta di koko riba e spatadernan i hasi masashi riba nan: Geranium, Cypress, Lavender, Lemon, Helichrysum.

Otro zetanan ku por yuda tambe ta: Bergamot, Cardamom, Lemongrass, Rosemary i Yarrow.

15. Uña:

- Kibra lihé: Arborvitae, Cypress, Eucalyptus, Frankincense, Lavender, Lemon, Tea Tree.
- 'Schimmel': Arborvitae, Citronella, Copaiba, Eucalyptus, Geranium, Tea Tree, Frankincense, DDR-Prime, On Guard, Zendocrine.
- Uña ku a kai: Eucalyptus, Frankincense, Myrrh, On Guard, Terra Shield, Elevation.
- Infektá: Eucalyptus, Frankincense, Lemon, Tea Tree, Myrrh, Thyme, On Guard.

16. Será di kurpa/ Konstipashon:

- Sòru pa bebe sufisiente awa i usa vitaminanan/PB Assist, kome hopi bèrdura.
- Hunta riba barika, hasiendo sírkulo di man drechi, bai man robés, un meskla di: Wild Orange, Coriander, Lemon, DigestZen, Ginger i zeta di koko.
- Tambe por meskla Peppermint, Black Pepper i zeta di koko lou i hasi masashi riba barika pa 5 minüt. Ripití 2-3 biaha pa dia si ta nesesario.

17. Kabei:

Tuma vitamina di LLV pa yuda krese kabei saludabel.

- Kaska: Cedarwood, Cypress, Lavender, Tea Tree, Rosemary, Thyme.
- Seku: Meskla Geranium i Lavender den zeta di koko i hunta e kabei pa 'boost' e.
- Kibrá: Agregá 1 -2 gota di Clary Sage òf Roman Chamomile, Rosemary den bo shampu.
- Fèt: Basil, Cypress, Lemon òf Rosemary den bo kabei so i no den e kueru di kabes.
- Kresementu: Geranium, Rosemary, Ylang Ylang, Lavender, Cypress i Clary Sage den shampu i laba kabei.
- Pieu: Cinnamon, Citronella, Clove, Eucalyptus, Rosemary, Tea Tree, Terra Shield.
- Yen di punta: Lavender, Rosemary, Ylang Ylang, Clary sage, Cedarwood.

Pone algun gota di un òf mas di e zetanan esensial den bo shampu. Tambe por frega e zeta den bo kueru di kabes i laga e para pa 10-15 minüt promé ku laba kabei.

18. Diarea:

- Bebe den glas di awa: DigestZen, Zendocrine i Oregano.
- Hunta riba barika DigestZen, Tea Tree, Ginger i apliká un kòmprès kayente riba e barika.
- Tambe por pone un gota di Arborvitae riba lombrishi pa aliviá doló.
- Tene un gota di DigestZen òf Tea Tree bou di lenga.

19. Kanser / Tumor:

Pa yuda ku e salú di sèlnan dañá dor di tumor òf kanser, hunta e zetanan esensial bou di planta di pia, riba wesu di lomba, i riba e área afektá. Tambe: bebe e zeta na kápsula òf gota den awa òf tene un gota bou di lenga.

- Kanser di Sanger/ Leukimia: Frankincense, DDR-Prime, Turmeric.
- Kanser di wesu: Frankincense, Thyme, DDR-Prime, Helichrysum, Siberian Firr
- Kanser den kabes: Arborvitae, DDR-Prime, Frankincense, Clove
- Kanser di pechu: Frankincense, Thyme, DDR-Prime, Eucalyptus.
- Kanser di boka di matrís: Frankincense, DDR-Prime, Siberian Firr, Sandalwood.
- Kanser di tripa: DDR-Prime, Geranium, Zendocrine, Rosemary, Turmeric.
- Kanser di higra: Zendocrine, Turmeric, DDR-Prime, Clove.
- Kanser di klirnan limfátiko: Frankincense, DDR-Prime, Lemongrass, Turmeric.

- Kanser di prostat: DDR-Prime, Thyme, Zendocrine, Turmeric, Oregano.
- Kanser di kueru: Immortelle, Sandalwood, Turmeric i Frankincense.

20. Biramentu di Kabes, Vertigo:

- Hunta Frankincense i Lavender tras di orea.
- Bebe 1-2 gota di DigestZen den glas di awa i 'softgel' di PB Assist.
- Pone dos òf tres gota di Ginger, Black Pepper i Bergamot riba bo barika, huntu ku zeta di koko.
- Por usa e siguiente zetanan tambe: Rosemary, Ylang Ylang i Balance.

21. Covid-19:

- E mihó zeta pa usa ta On Guard. Bebe un gota di On Guard huntu ku un gota di Lemon den un glas di awa tur dia. Frega un gota di On Guard den bo shelu di boka, òf tene un gota bou di bo lenga promé bo sali kas. Hòr ku un gota di On Guard den un tiki awa. Desinfektá bo mannan ku On Guard dor di pone algun gota den bo 'handsanitizer' o traha bo propio. Laba tayó ku habon ku bo a pone algun gota di On Guard den e bòter.
- Oregano, Winterfir, Frankincense i Breathe ta yuda ku tosamentu ku no ke bai i ku halamentu di rosea. Oregano ta fuerte, pues usa un siman sí, un siman nò. Por bebe e zetanan den glas di awa, tambe por frega riba pechu, wesu di lomba, frenta i bou di planta di pia.

- Difius e siguiente zetanan pa 'boost' bo sistema imunológiko: Rosemary, Clove, Eucalyptus, Cinnamon Bark, Wild Orange. Inhalá profundamente.
- Traha riba bo resistensia dor di kome hopi bèrdura bèrdè, Vitamina C i Zink. Bebe tur mainta un glas di awa ku mitar òf un kuchara di Apple Cider Vinegar - 'With the mother", ku sap di mitar lamunchi aden. E zür ta yuda mata e virus. döTERRA tin un pakete di tres bòter di vitamina hopi bon, a base natural: 'Lifelong Vitality Pack'.

22. Stoma:

E zetanan esensial: DigestZen, Slim & Sassy, Ginger, Peppermint, Basil, Cardamom i Zendocrine, ta yuda ku digestion i stoma inflamá. Pone algun gota di un di e zetanan ariba menshoná den un glas di awa i bebe. Tambe por pone un gota riba bo man i lemb'é, òf tene un gota bou di bo lenga. Por hunta e zeta esensial bou di pia i riba barika i stoma i hasi masashi. Despues muha un paña ku awa lou i ten'é riba e barika/stoma.Tambe por pone un gota den lombrishi.

Difius e zeta. Pone un gota den man, frega bo mannan huntu i inhal'é profundamente algun biaha.

Suplementunan di 'döTERRA' ku por yuda tambe ta:

- PB Assist+
- DigestZen softgel
- TerraZyme

23. Frèt / Skup'i Dios:

Meskla algun gota di e siguiente zetanan esensial ku zeta di koko i hunta riba e frèt òf skupi di Dios. Cedarwood, Cinnamon Bark, Clove, Frankincense, Lemongrass, Melaleuca i DDR-Prime.
Oregano i On Guard tambe ta yuda. Hunta e zetanan dos biaha pa dia, durante dos siman.

24. Mal Sirkulashon di sanger:

Usa e siguiente zetanan esensial: Cypress, AromaTouch, Geranium, Cassia i Peppermint.

Hunta nan riba tabla di pechu, bou di planta di pia, riba wesu di lomba i kualkier otro área di preokupashon.

Difius 5 òf mas gota di algun di e zetanan. Inhalá profundamente for di bo mannan. Pone algun gota riba bo paña ku bo tin bistí pa bo por inhal'é kontinuamente i baha strès.
Bebe algun gota den un glas di awa, pone algun gota bou di lenga pa yuda impaktá e sirkulashon di sanger i e aktividatnan di kurason.

25. 'Hot Flashes':

Peppermint, Eucalyptus, Clarycalm i Clary Sage ta e zetanan esensial pa usa pa yuda ku 'hot flashes' ('opvliegers'). Dor ku hende muhé ta reakshoná sensitivamente i emoshonalmente hopi riba aroma i holónan, ta bon pa hunta un òf mas di e zetanan akí riba pòls, nèk, paña ku bo tin bistí. Durante dia bolbe hunta pa bo por keda hol'é henter dia. Selektá e zeta(nan) di bo smak i difius nan.

Hunta henter e área di bo skouder pa yuda baha tenshon i duna alivio.

26. Peso:

Pa manehá bo peso di kurpa ta kuestion di komementu i kon bo kurpa ta digerí e kuminda, pues bo metabolismo. Loke tambe ta hunga un ròl ta e suku den bo sanger, hormona i ehersisio. Ta p'esei ta importante pa desintoksiká bo kurpa ku un dieta di 'GreenLIFE'. Añadí huntu ku bo kuminda di 'GreenLIFE' e pakete di Vitalidat ('Lifelong Vitality'), ku ta kontené **Omega 3** (ku ta inkluí vèt i ásido pa kurason i mente i tambe 9 zeta esensial), **VMz** (un fórmula di vitamina, mineral i enzim, ku ta sigurá digestion optimal nutritivo) **i CRS** (un anti-oksidante potente, anti-inflamashon, ku ta duna energia na e sèlnan).

E zetanan esensial pa usa den e kaso akí ta: Slim & Sassy, Zendocrine, Grapefruit, Bergamot i DDR-Prime. Bebe te ku 5 gota den glas di awa un par di bes pa dia.

Pa yuda baha barika, traha un meskla di Fennel, Grapefruit, Patchouli i zeta di koko i frega e barika. Ora bo ta sinti gana di kome, pone un gota di Peppermint den bo boka pa yuda kita e apetit. Inhal'é profundamente for di bo mannan, huntu ku Grapefruit.

27. Artrítis

Deep Blue, Copaiba, Turmeric, Siberian Fir i Black Pepper ta yuda aliviá e doló i inflamashon. Lemongrass ta yuda drecha e tehidonan dañá. Wintergreen i Helichrysum ta yuda baha e doló i e inflamashon i yuda hasi reparashon na wesu.

Hunta e zetanan un pa un direktamente riba e área afektá i hasi masashi profundamente. Ripití esaki dos pa tres bes pa dia.

Por bebe e zetanan tambe, ménos Deep Blue (Deep Blue no ta pa bebe), den glas di awa òf pone bou di lenga i tene pa 30 sekònde promé ku guli. Di Deep Blue por hunta e 'Deep Blue Rub'.

E vitamina 'Bone Nutrient' tambe ta yuda yena wesu.

28. Infekshon Urinario

Lemongrass (ta yuda bringa e infekshon i habri e kanalnan urinario), Lemon (ta yuda kibra posibel piedranan i yuda e urina), Cypress (ta yuda kita e inkontinensia i e retenshon di líkido di mas den kurpa), Thyme (ta yuda traha riba salú di e pròstat i sirkulashon i ta yuda bringa e infekshon), Eucalyptus i Celery Seed (tambe ta yuda ku e infekshon i strès.) DDR-Prime (ta anti-oksidante i e ta yuda limpia e kanalnan), Zendocrine (ta yuda e funkshonamentu di e higra i nir), Slim & Sassy (ta desintoksiká) i On Guard (ta yuda ku e fluho di sanger i eliminashon di sushi).
Bebe algun gota di e zetanan den glas di awa, segun nesesidat. Pone bou di lenga.

Kombiná e zeta ku zeta di koko i hunta riba e parti abou di bo barika i área di nir, wesu di lomba, bou di planta di pia.

Difius e zetanan pa bo inhalá durante soño anochi.

29. Doló di Djente:

Myrrh, Clove, Peppermint, Wintergreen, Turmeric, On Guard, DDR-Prime i Past Tense ta e zetanan pa yuda ku salú di boka i djentenan.

Pa yuda evitá malesanan di karni di djente: Myrrh i On Guard. Por hunta nan direktamente riba e djente, karni di djente i lenga.

Pa doló di djente: Clove, Wintergreen, Turmeric, DDR-Prime i Past Tense. Hunta e zeta riba e djente. Hunta riba banda di kara, kachete.

Pone riba skeiru di djente i frega. Pone riba un pida katuna i ten'é pa 5-10 minüt riba e djente i saka e katuna for di boka.

Pa yuda trata mal aliento di boka por usa e zetanan ei i tambe: Bergamot, Peppermint, Spearmint, DigestZen, Zendocrine.

30. Nir:

- Pa yuda kontra infekshon di nir e siguiente zetanan esensial por yuda: Bergamot, Cinnamon, Fennel, Lemon, Lemongrass, Neroli, Rosemary, Sandalwood, Spearmint, DDR-Prime, Thyme i On Guard.
- Pa yuda ku piedra di nir: Cinnamon, Clary Sage, Eucalyptus, Fennel, Geranium, Lemon, Wild Orange, Wintergreen.

Bebe algun gota di e zetanan den glas di awa, un par di biaha durante dia segun nesesidat. Tene un gota bou di lenga.

Kombiná e zeta ku zeta di koko i hunta riba e área di nir, e parti abou di lomba.

Difius e zetanan pa bo inhalá durante soño anochi.

31. Higra:

Nos higra tin mas di 500 funshon. Algun di nan ta:

- E ta yuda kuida e kurpa su inmunidat i tene e resistensia haltu dor di mata e mal bakterianan.
- E ta filtra e sanger tóksiko, krea faktor di klòmpi di sanger i destruí sèlnan di sanger bieu i dañá.
- E ta yuda metabolismo dor di krea hal, kibra vèt, proteína i yuda regulá glukos den sanger.
- E ta depositá vèt, proteina, 'glycogen', vitamina, koper i heru.

E zetanan esensial pa yuda e higra ta: Basil (yerba di hole), Cilantro, Geranium, Grapefruit, Helichrysum, Lemon i Rosemary.

Pone 1 te 5 gota den glas di awa i bebe. Pone un gota riba bo man i lemb'é, pone un gota bou di bo lenga i ten'é pa 10 sekònde promé ku gulié.

32. Apetit Seksual:

- Apetit seksual abou serka hende muhé: Rose (yuda ku frialdat seksual, infertilidat i ta yuda ku menstruashon), Geranium (ta yuda ku bo hormonanan, balansá bo emoshonnan), Neroli i Ylang Ylang (ta yuda duna bo un apetit seksual saludabel i nan ta relahá bo), Clary Sage, Grapefruit (yuda ku hormona) Jasmine (bon pa matris keda salú), Ginger (yuda duna apetit seksual), Thyme i Oregano (yuda mantené e nivelnan di progèsteròn). Hunta riba pòls, skouder, paña i keda hol'é henter dia. Frega riba barika. Guli algun gota den glas di awa.

- Apetit seksual abou serka hende hòmber: Immortelle (yuda ku erekshon: hunta den e área genital dos pa tres bes pa dia). Sandalwood, Clarysage i Ylang Ylang (balanse hormonal: meskla nan i hunta riba e parti abou di barika i tambe guli algun gota den glas di awa), Basil, Lavender òf Ylang Ylang (yuda kita strès i ansiedat: frega den man i inhalá profundamente algun bes i pone algun gota riba kusinchi.) Otro zetanan ku por yuda ku impotensia ta: Cypress, Passion, Ginger, AromaTouch.
- Loke por yuda ku e bida matrimonial amoroso ta:
  Sheet Spritzer: Den un bòter di spùit agregá 10 Sandalwood, 6 Ylang Ylang, 14 Bergamot den awa destilá i spùit fini fini riba bo kama, pa un anochi romántiko.
  Sexy AromaTouch: Traha un meskla pa hasi un dushi masashi di kurpa. Dos gota di Ylang Ylang, 1 gota di Black Pepper, Ginger i Wild Orange den 2 kuchara di loshon òf zeta di masashi.
  Love Potion Diffiuser Blend: Difius 4 gota di Jasmine i 4 gota di Geranium.

33. Edema òf Ènkel di pia hinchá:

Duna e pianan un masashi ku e siguiente meskla di zetanan esensial, kombiná ku zeta di koko: Lemongrass, Cypress, Grapefruit, Lavender, Geranium i Frankincense.

Kuminsá abou di e pia, subi bai ariba, na e ènkel i e palu di pia, hasi masashi den direkshon di kurason. Ripití esaki un par di bia.

Tene e pianan na laira riba un krùk i no laga nan kologá abou.

34. Hormonanan desbalansá:

- Hende hòmber: Segun edat ta subi e kurpa ta produsí ménos tèstosteròn i estrogen. Esaki por trese kambionan den e kurpa, loke por influensiá e emoshonnan, kousa depreshon, falta di balor propio, problema ku erekshon di penis, prostat ku a bira grandi i ta pone ku mester bai uriná mas frekuente... etc. E siguiente zetanan esensial por yuda ku asuntunan spesífiko:

Frankincense (yuda sesunan i prostat saludabel), Juniper Berry (yuda ku urinamentu i prostat), Zendocrine (yuda ku urinamentu, prostat i kaimentu di kabei), DDR-Prime (yuda drecha sèlnan dañá i duna bida) Lemon (yuda desintoksiká i duna un efekto alkalisante) Immortelle (yuda ku erekshon di penis - hunta dos tres bes pa dia den área genital).

Pa yuda balansá e hormonanan: meskla Sandalwood, Clary Sage i Ylang Ylang ku un tiki zeta di koko i frega riba e parti abou di barika. Tambe por difius nan i bebe nan den kápsula.

Yuda ku pèrdèmentu di kabei: Traha un meskla di Rosemary (24 g.), Cedarwood (18 g.), Geranium (14 g.), Peppermint (12 g.), Lavender (8 g.), zeta di Koko (40 g.). Tur dia ta pone 5 gota den man, dòp bo dedenan aden pa frega poko poko e kueru di kabes.

Suplementunan di döTERRA ku por yuda ta entre otro: Alpha CRS, Mito2Max.

- Hende muhé: Kambionan den e sistema di endocrin ta kousa un bahada di estrogen i tèstosteròn den e kurpa, segun e edat ta subi. Esaki ta influensiá e sistema reproduktivo i fertilidat, e salú emoshonal i físiko, otro partinan di kurpa i asta e densidat di e masa di wesu. Hidratashon i bon nutrishon por yuda ku e bahada di e hormonanan akí, ku tambe ta kousa menopousa, iritashon, ansiedat, sintimentu di ta yen, doló di kabes i asta migrèn. Zetanan esensial ku por yuda ta entre otro:

Geranium (yuda ku hormona i fertilidat, balansá emoshon), Rose, Ylang Ylang i Neroli (yuda ku infertilidat i gana di hasi sèks), Clary Sage (yuda balansá hormona i yuda e sistema 'endocrina'), Grape Fruit (yuda mantené e nivelnan di progèsteròn, salú di pechu), Ginger (yuda ku menstruashon, apetit seksual i ta aliviá kramp), Fennel (yuda ku nivelnan di estrogen, ku salú di ovarionan), Thyme i Oregano (progèsteròn), ClaryCalm (yuda e siklo di menstruashon).

Por difius e diferente zetanan, inhalá nan, usa nan komo perfume, hunta riba pòls, tras di garganta, skouder, riba e parti abou di barika i lomba, bou di pia.

Suplementunan di döTERRA ku por yuda tambe ta entre otro: Bone Nutrient Life Complex, xEOMega i MicroPlex VMz.

35. Alzheimer:

E mihó manera pa usa zeta esensial pa yuda e funshonamentu di selebre i mente ta, pa aplik'é mas direktamente posibel riba e selebre. Hunta e zeta riba frenta, tras di kabes, bou di nanishi, riba shelu di boka, bou di tenchi grandi di pia (ku ta punto di refleho pa selebre). Tambe por inhalá e zeta i difius e aromátikamente i permiti'é drenta dor di e kanalnan di nanishi. Por usa:

Sandalwood (yuda e mente funshoná, hasi reparashon), Frankincense (yuda kibra barera, yuda kontra enbehesimentu), Cedarwood ku Arborvitae (yuda kalma i protehá e mente), Rosemary (yuda e mente pa hasi kosnan kognitivo, aliviá kansansio), Clove ku Thyme (yuda duna e mente anti-oksidante), Petitgrain (yuda kalma i aliviá),Turmeric i DDR-Prime (yuda duna protekshon i anti-oksidante), Zendocrine (yuda aliviá e mente di kansansio i tóksiko) i InTune (yuda e fluho di sanger i oksígeno den e mente).

Suplementunan di dōTERRA ku por bebe ta: Alpha CRS, xEO Mega i IQ Mega.

Nos Muchanan:

Nos muchanan ta nos tesoronan, nos tin ku kuida nan bon. Anto muchanan ta reakshoná na un manera espontáneo riba zetanan esensial. Nan ta gusta siña nòmber di e zetanan i pakiko ta usa nan. Ku masha dedikashon nan ta hunta zeta bou di nan pia i riba lomba òf barika di otro.

Laga nan sera konosí ku diferente zeta esensial dor di laga nan hole for di bo man i yama Dios danki pa a traha naturalesa, riku na mata, simia, flor i rais ku ta yuda nos salú.

Warda e zetanan bon, kamida nan no ta yega i semper laga nan usa zeta esensial bou di bo supervishon. Nunka no ta pone zeta esensial den wowo, nanishi òf boka.

Mas chikitu e mucha òf e beibi ta, mas tantu nos ta meskla e zeta esensial ku zeta di koko.

Ata algun uso di zeta esensial pa mucha:

1. Ayó pishi kama:

Meskla 20 gota di Cypress ku 20 gota di Balance huntu ku zeta di koko. Hunta e meskla akí riba e parti abou di e yu su barika i bou di su pia, promé ku e bai drumi anochi.

2. El a dal kabes, ata bòlòmbònchi:

Bo por meskla un òf mas di e zetanan akí ku zeta di koko i frega riba e kabes. Fennel, Geranium, Helichrysum, Lavender i Deep Blue.

3. Beibi tin kolik, gas ta molesti'é?

Kombiná dos kuchara di zeta di almendra ku 1 gota di Roman Chamomile, 1 gota di Lavender, Geranium òf Dill i hunta riba stoma i lomba dje yuchi. Lag'é respu i tene su barika kayente i yuchi ta stòp di yora i di ta maluku.

4. Bo yu tin ferkout òf grip?

Pone dos kuchara di zeta di koko huntu ku dos gota di Melaleuca (Tea Tree), 1 gota di Lemon i 1 gota di On Guard huntu. Frega e meskla akí riba e yu su pechu i tras di su garganta. Bou di su pia i bisti'é mea anochi.

5. Kiko pa usa pa iritashon di pèmper?

Apliká un meskla di 1 gota di Roman Chamomile, 1 gota di Lavender i zeta di koko riba e área di su chanchan. Por usa Frankincense i Ylang Ylang tambe.

6. Yu ta yora ku doló di orea?

Riba un bala chikitu di katuna bo ta pone zeta di koko i 1 gota di Basil. Pone e katuna riba superfisio di e orea, pero evitá e kanal di orea. Por frega un tiki tambe tras di e orea.

7. Ui... e tin kayente di kurpa; keintura?

Meskla un gota di Lavender ku zeta di koko i hasi masashi poko poko riba e yu su lomba, bou di pia i tras di su nèk i orea. Por pone un gota di Peppermint tambe aserka i frega bou di su pianan. Loke por yuda tambe ta Eucalyptus, Juniper Berry, Thyme i Melaleuca (TeaTree).

8. Beibi ku Dehel?

Meskla zeta esensial Geranium(1 gota) i Frankincense(1gota) ku zeta di koko i apliká riba e área di su higra i bou di su pia.

9. Henter dia su nanishi ta kore.

Pone den e difiuser dos gota di Cypress, Lemon i Melaleuca. Òf: Peppermint, On Guard, Oregano i Frankincense. (P.O.O.F.) Frega un gota di un di e zetanan akí den bo man, freg'é i lag'e hole de bes en kuando, si bo no tin difiuser.

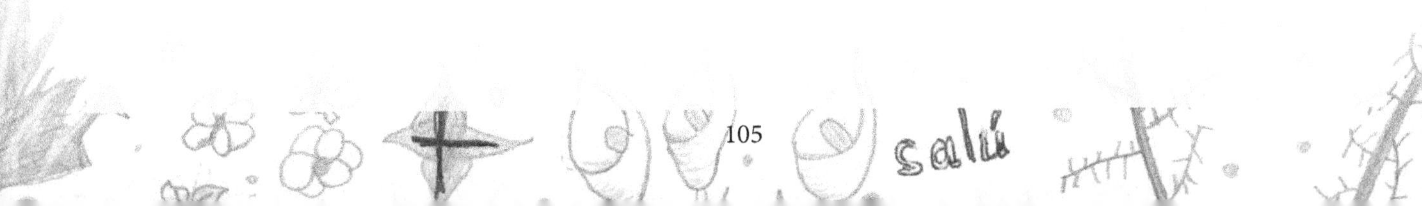

10. E yu ta drumi malu, lanta mardugá?

Awèl traha "Bonnochi, paga lus" p'e i frega e meskla akí riba su wesu di lomba. Dos gota di Vetiver, Cedarwood, Patchouli, Serenity i tres gota di Ylang Ylang den un bòter di 10 ml di ròl, yena sobrá ku zeta di koko. Unbés e ta pega soño. Awor bo tambe tin sosiegu anochi.

11. Yu ta saka, e tin stoma malu:

Hunta un kombinashon di dos di e zetanan akí, mesklá ku zeta di koko i frega poko poko riba su barika i stoma: Basil (Yerba di hole), Cedarwood, Cardamom, Clove, Dill, Ginger, Thyme, DigestZen.

12. Yuchi ta saka djente i tin hopi doló?

Ata loke bo por traha pa hunta riba su karni di djente: Blue Tansy, Clove, Frankincense, Helichrysum, Lavender, Roman Chamomile, Sandalwood òf Yarrow.
Un di nan mesklá ku zeta di koko.

13. Chupa dede, chupa dede:

Tin solushon: Clove òf kualke otro zeta esensial ku por usa internamente i ku ta smak fis!

14. Doló di barika...ou!

Hunta zeta di koko ku Blue Tansy òf Cardamom, Fennel, Ginger, Peppermint, Yarrow, DigestZen, Tamer riba su barika.

15. Mi yu ta tosa hopi.

E tin 'Whooping Cough'? Un tosá ku no ke bai? Loke por yud'é ta un meskla di algun di e zetanan esensial akí, mesklá ku zeta di koko pa hunta riba su tabla di pechu, tras di su lomba i riba su frenta: Cardamom, Clary Sage, Cypress, Eucalyptus, Frankincense, Lavender, Neroli, Roman Chamomile, Rosemary i Breathe.

Mi yu, bo ta hopi drùk. Ta A.D.H.D. bo tin?

Kalma bo yu ku e tres zetanan esensial akí, mesklá ku zeta di koko den un bòter di ròl di 10 ml i hunta riba su wesu di lomba, tras di su orea i asta bou di su pia. Cedarwood, Lavender i Vetiver. E siguiente zetanan tambe tin un efekto kalmante: Bergamot, Roman Chamomile, Ylang Ylang, Copaiba, Basil. Si e mucha tin falta di konsentrashon i fokùs, hunta Vetiver tras di su nèk, riba wesu di lomba i bou di nanishi.

Kon mi por yuda mi yu konsentrá i siña bon na skol?

Pa yuda ku siñamentu, apliká Vetiver òf Intune tras di garganta (nèk) i bou di nanishi, pia i na su pòls. Por difius e tambe. Zeta esensial Thyme tambe ta yuda bon ku konsentrashon i memoria.

Mi tin miedu di manda mi yu skol, pasobra e por pega ku Covid-19.

Fuera di kome saludabel, hopi bèrdura i variá, yuda subi bo yu su resistensia kontra malesa ku vitaminanan. döTERRA tin pakete di vitamina pa mucha, tur a base di ingredientenan natural, pues for di mata. Tur mainta, promé ku e yu sali bai skol, hunta bou di su planta di pia i riba su wesu di lomba un meskla di algun zeta esensial, manera: Melaleuca (Tea Tree), On Guard, Frankincense i Peppermint, huntu ku zeta di koko.

salú

Deboshon

E poder di Dios pa un bida saludabel

Skritura: 1 Korintionan 4:20

Durante añanan mi a lucha pa por tin un bida saludabel. Mi tabata kana, bai 'gym', hasi 'wateraerobic', sigui e programa di 'Cambridge', uza dietanan di vários dietista, último tabata e programa di 'NaturalSlim'. Sigur mi a benefisiá di kada un, pero poko poko mi a realisá ku ta mi estilo di bida ta kousa mi problemanan ku peso, dolónan, emoshonnan, kansansio...ets. Kambia hábitonan bieu, no-saludabel, no ta fásil pero e ta esensial si nos ke ta mas salú i tin un mihó kalidat di bida. Señor ta deseá di yuda nos pa nos tin un bida saludabel i a duna tur ku ta kere den Hesus un yudadó - e Spiritu Santu. Nos tin e poder di Dios den nos pa biba e sorto di bida ku E ta deseá pa nos i esaki ta inkluí e abilidat pa hasi kambionan deseá. E mesun gran poder ku a lanta Kristu for di graf ta disponibel pa tur ku ta kere den Hesus. Nos mester rekonosé ku den nos mes forsa nos no por, loke sí nos por hasi ta den e forsa i poder di Dios i tambe dependé riba e poder sobrenatural di Dios pa obra den nos. Nos mester someté i entregá na Dios i brasa e bèrdat spiritual ku e poder di Dios ta hasí perfekto den nos debilidat. Nos kurpa ta tèmpel di Dios pasobra e Spiritu di Dios ta biba den tur ku aseptá Hesus den nan kurason. P'esei, nos ta responsabel pa kuida e tèmpel di Dios. Ta impreshonante ku e Spiritu di Dios ta enpoderá nos pa biba di tal manera ku nos por kuida Su tèmpel komo un asuntu di stimashon i adorashon na Dios.

Un konsekuensia benefisioso dor di apropiá e poder di Dios ta un estilo di bida ku ta kondusí na un bida saludabel.

Vivian Paulina

Tata Santu, iluminá e wowonan di nos kurason pa nos por komprendé i apropiá di Bo poder pa hasi kualke kambio pa nos por tin un estilo di bida saludabel ... i tur pa e gloria di Dios! Amèn!!

Vivian Paulina

Edukashon Kontinuo

Es ku tende konseho ta yega na behés. (Skucha na bon konseho i lo bo biba largu)

Deboshon

Kiko pa hasi miéntras mi ta sperando riba kontesta di orashon?

- Kontinuá i persistí den orashon
- Buska Dios Su guia den Beibel
- Skucha na kreyentenan eksperensiá
- Tuma tempu ketu ku Dios i skucha Su bos suave
- Simplemente warda ku pasenshi ma atento pa skucha Dios Su bos

"Deleitá bo mes den SEÑOR, i E lo dunabo e deseonan di bo kurason." Salmo 37:4(BS)

"Ma esnan ku spera riba SEÑOR lo haña forsa renobá; nan lo bula bai ariba ku hala manera águila, nan lo kore sin bira fatigá, nan lo kana sin kansa." Isaias 40:31(BS)

Deboshon

Ku pasenshi nos ta gana gloria!

Tin biaha ta bon pa nos warda, skucha, tuma pousa un ratu i kisas asta kambia di direkshon. Nos por sali for di e punto di bista ku ta Dios ta guia mi; awèl, nos ta dal bai sin tene kuenta ku otro personanan òf konsehonan. Pero tin biaha nos por ta asina okupá i asta okupá ku e kosnan korekto, ma tòg no den e boluntat di Dios.

P'esei ta bon pa debesenkuando, nos tuma tempu ketu i hasi evaluashon di nos bida i papia ku Dios wak si nos ta riba e ruta korekto i konforme ku Su boluntat.

Kisas e pousa ku nos tuma, ta guia na un resultado muchu mas bunita i segun e plan perfekto di Dios.

"Pasobra Mi pensamentunan no ta boso pensamentunan, ni boso kamindanan no ta Mi kamindanan," SEÑOR ta deklará. Isaias 55:8(BS)

Pasobra Mi sa e plannan ku Mi tin pa boso,' SEÑOR ta deklará, 'plannan pa pas i no pa kalamidat, pa duna boso un futuro i un speransa. Jeremias 29:11

Gilda Beukenboom-Sintjago

LISTA DI KOMPRAS

Webu
Spèki
Keshi
Ham

Wòrs
Galiña
Awakati
Kalakuna

Berdura
Salu di Boneiru
Salu ros
Xylitol

'Kale' (Boerenkool)
Kònkòmber
Spinazi
'Chia Seed'

Lamunchi
'Flax Seed'
'Berries'
Stevia

Karni
Piská
Kuminda di laman

Bonchi bèrdè
'Bloemkool'
Bròkòli
'Brussel Sprouts'

Kolo
Kònkòmber
Tomati
Brokoli rijst

'Bloemkool rijst'
Manteka ('roomboter')
Zeta Oleifi

Zeta Koko
Wesu di baka
Zeta di awakati
Bèrdura pa Sòpi

Tuna
Salada Romano
Zeta di koko

Awa
Té
Te di Yerba
Kòfi

'San Pellegrino'
'Perrier'
Zeta oleifi 'extra virgin' (pa riba salada)
Lankato Monk

Fruit

'Heavy Whipping cream'

Deboshon

Dominio propio

Skritura: 1 Pedro 1:13-14

Na komienso di aña 2020 mi a pone metanan pa e aña nobo. E pandemia Covid-19 a pone ku tur aktividatnan pafó di kas a para. Lihé i na un manera efisiente mi mester a trese sierto kambionan. Ta masha fásil pa nos ta distraí i malgastá tempu i energia ora nos no ta ehersé dominio propio. Esaki ta trese ku, bes tras bes, nos ta bai bèk na hábitonan malu i 'pashonnan di ántes'. Ora sirkumstansianan ta dominá nos skema, nos prioridatnan ta bira konfuso, i nos ta faya di kumpli ku e propósitonan di Dios i ta pèrdè Su bendishonnan. Dios ke pa nos biba di akuerdo ku Su prinsipionan i hasi Su Palabra nos fundeshi dor di someté na djÉ i kòrdá ku dominio propio ta fruta di e Spiritu - Galationan 5:23. Dios ta primintí nos bendishonnan na abundansia, pues spera kosnan grandi!

Tata, danki pa Bo promesanan, habri nos mente pa komprendé kon pa aplikÁ Bo Palabra den nos bida, danki pa protekshon, sabiduria, i bendishon. Amèn.

Vivian Paulina

Medisina di dòkter

Kòrda papia ku bo dòkter di kas òf speshalista si bo ta bai purba baha bo preshon komiendo bèrde. Sigui su rekomendashon! Kòrda midi (kontrolá bo preshon) kontinuamente pa bo suku no baha di mas. Dòkter tin chèns di baha bo kantidat òf dosis di remedi ora bo kurpa ta bai mas mihó. Kuida!

Lista pa un hende por skibi kua remedi e ta usa, kantidat i kuant'or

Dòkter	Remedi	Kuantu bia pa dia i kuant'or	Pa kiko

Midi bo Preshon

	Djad	Djal	Djam	Djar	Djaw	Djab	Djas
Dia							
Preshon							
Kurason							
Dia							
Preshon							
Kurason							
Dia							
Preshon							
Kurason							
Dia							
Preshon							
Kurason							
Dia							
Preshon							
Kurason							

Midi bo Preshon

	Djad	Djal	Djam	Djar	Djaw	Djab	Djas
Dia							
Preshon							
Kurason							
Dia							
Preshon							
Kurason							
Dia							
Preshon							
Kurason							
Dia							
Preshon							
Kurason							
Dia							
Preshon							
Kurason							

Midi bo Preshon

	Djad	Djal	Djam	Djar	Djaw	Djab	Djas
Dia							
Preshon							
Kurason							
Dia							
Preshon							
Kurason							
Dia							
Preshon							
Kurason							
Dia							
Preshon							
Kurason							
Dia							
Preshon							
Kurason							

Midi bo Preshon

	Djad	Djal	Djam	Djar	Djaw	Djab	Djas
Dia							
Preshon							
Kurason							
Dia							
Preshon							
Kurason							
Dia							
Preshon							
Kurason							
Dia							
Preshon							
Kurason							
Dia							
Preshon							
Kurason							

Baha kímiko den Bida

Skibí pa: Shade Vrutaal-Oehlers

Dikon uza deodorante natural (sin kímiko)?

Mi kier a infatisá dikon ta importante pa uza e produktonan natural espesialmente deodorante (sin kímiko). Kímiko den produktonan, prinsipalmente den deodorante, ta wòrdu uzá pa prevení ku hende ta soda. E ta blòkia e porionan.
Kímiko despues di tempu por trese diferente malesa, entre otro; alergia, hormonanan for di balanse, asma, Alzheimer i kanser, pa menshoná algun.

Un di e kímikonan mas konosí den deodorante ta aluminium.
Nos kurpa ta kreá pa soda. Sodamentu ta yuda nos kurpa desintoksiká i regulá temperatura. Teniendo kuenta ku esei, mi a formulá un deodorante ku ta bini sea na 'roll on' òf na 'stick'. E deodorante no ta diseñá pa fungi komo un anti-perspirante (laga bo stòp di soda), pero e ta kombatí holó na un manera natural. I e no tin kímiko pa konserv'é.
Produktonan natural òf sin kímiko por mustra di ta tarda pa traha pero ku konsistensia bo ta logra bo meta. Produktonan ku kímiko tin resultado mas lihé pero tene na kuenta ku bo tin e riesgo pa haña un malesa mas lihé tambe.
Mi ke animá bo pa skohe konsiente, skohe pa bo salú i ku tempu bo kurpa mes lo gradisí bo.

Fearfully Made : +5999 5208042
Facebook: We are Fearfully Made.

Shampu sin kímiko

Dikon ta importante pa uza un shampu sin kímiko?

Kímikonan den shampu por kousa diferente problemanan di kueru di kabes i tambe nos salú en general. Bon mirá, kiko tin den shampu? Laga nos kuminsá ku e grupo di kímiko ku yama 'Sulfates'. Ta uza nan komo produkto di limpiesa ('Surfactants') esta pa hasi limpi i tambe pa laga e produkto skuma hopi. Esnan mas kímiko ta:
Sodium Lauryl Sulfate (SLS)
Sodium Laureth Sulfate (SLES)
Ammonium Lauryl Sulfate

Sulfates por:
- Duna bo reakshon alérgiko di bo kueru di kabes
- Seka bo kueru di kabes i bo kabei, hasi'é no-manehabel
- Si uz'é hopi tempu largu, e por brua bo hormonanan
- E ta malu pa nos medio ambiente

Otro kímikonan den shampu ta kai bou di preservativonan (preservaties).
Esaki ta pa evitá ku e produkto ta daña lihé òf ku nan ta haña bakteria i 'schimmel'.
Parabens: ta interumpí e funkshon di hormona dor di imitá 'Oestrogeen'. Di mas 'Oestrogeen' por kousa un oumento di divishon di sèlnan den pechu i tambe kresementu di tumor. Ta p'esei nan ta konektá Paraben na kanser di pechu i problemanan pa sali na estado.
Formaldehyde: E kímiko akí por kousa alergia i asma spesialmente serka mucha. Iritashon di wowo, nanishi, garganta, problema ku

'schildklier' i tambe kanser. Por haña e kímiko akí tambe den rushi di uña, tratamentu ku keratin pa kabei, leim, desinfektantenan, fèrf... etc.

Tambe tin den shampu:
Alkohòl: Esaki por seka e kabei i kueru di kabes masha hopi mes. Tambe e ta hasi bo kabei frágil òf bròs i despues di tempu e ta kibra. Keda leu for di e tipo di alkohòlnan akí manera; 'Propanol' i tambe 'Isopropyl alcohol'.

Fragansia: Un holó trahá den laboratorio na un manera sintétiko ku un meskla di diferente kímiko. Un di e kímikonan ei yama :Phthalates. E kímiko akí ta sòru pa e fragansia keda pegá na bo kabei i kueru di kabes. Despues di tempu e por duna bo iritashon na bo kueru di kabes òf por kousa asma i/òf alergia.
Nan ta kontené 'hormoon ontregelaars', loke ta stroba e desaroyo natural di hormonanan serka mucha muhénan yòng i por laga e muchanan akí drenta e fase di pubertat muchu trempan i serka mucha hòmber e por baha e kantidat di spèrma ku e lo produsí. Tambe nan ta malu pa nos medio ambiente.

Otro Alternativanan

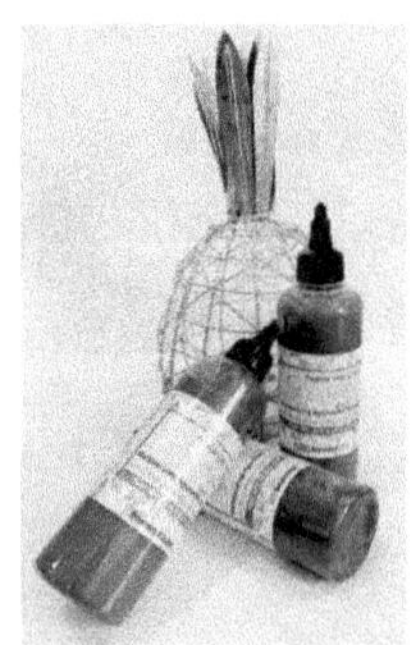
Fearfully Made
Moisturizing Shampoo
520-8042

Bentonite Clay

Rhassoul Clay

Edukashon Kontinuo

Proverbionan 15:17 “Mihó un tayó di bèrdura kaminda tin amor,
ku un toro gòrdá i odio huntu kuné.”

Edukashon Kontinuo

Proverbionan 25:16 "Bo a haña miel? Kome solamente loke bo mester,
pa bo no yena di mas i sak'é bèk."

Edukashon Kontinuo

Salmo 104:13 “Tera ta keda satisfecho ku e fruta di Su obranan.”

Edukashon Kontinuo

Mateo 2:11 “I nan (e sabionan di oriente) a habri nan tesoronan i a ofres’E regalonan: oro, (frankin-)sensia i mira.”

Edukashon Kontinuo

Salmo 45:7-8 "Bo a stima hustisia i a odia maldat; pesei Dios, Bo Dios, a ungiBo ku e zeta di goso, mas ku Bo kompañeronan. Tur Bo pañanan tin fragansia di mirra, aloé (sandalwood) i kasia."

Edukashon Kontinuo

Proverbionan 7:17 “Mi a sprengu mi kama ku mirra, aloé (sandalwood) i kané (cinnamon).”

Edukashon Kontinuo

Huan 12:3 "Anto Maria a kohe un liber di perfume (zeta medisinal) di nardo puru (spikenard) di hopi balor i a hunta pia di Hesus."

Edukashon Kontinuo

Salmo 103:3 “Kende (Señor) ta pordoná tur bo inikidatnan. Kende (Señor) ta kura tur bo malesanan.”

Edukashon Kontinuo

Salmo 36:1 "Duna gradisimentu na Señor, pasobra E ta bon,
pasobra Su miserikòrdia ta pa semper."

Edukashon Kontinuo

Ester 2:12 "E dianan di preparashon di nan bunitesa a keda kumplí asina aki: seis luna ku zeta di mirra i seis luna ku speserei i kosmétika pa hende muhé."

Edukashon Kontinuo

Proverbionan 31 E muhé virtuoso….. vs.15 "ta duna kuminda na su famia" - vs.25 "fortalesa i dignidat ta su bistí i ku alegria e ta spera e porvenir" - vs.27 "E ta tene e kamindanan di su famia bon na bista."

Edukashon Kontinuo

Eksodo 30:22-25 E reseta pa traha e zeta santu di unshon ta kontené entre otro e siguiente zetanan esensial: mirra líkido - kané aromátiko (cinnamon) - kasia - zeta di oleifi - vs.34-36 frankincense.

Edukashon Kontinuo

Génesis 1:11 “Laga Tera produsí vegetashon, mata ku ta duna simia i palu di fruta....”

Edukashon Kontinuo

Génesis 1:30 "Mi a duna tur mata bèrdè pa kuminda…."

Edukashon Kontinuo

Proverbionan 15:17 "Mihó un tayó di bèrdura kaminda tin amor, ku un toro gòrdá i odio huntu kuné."

Edukashon Kontinuo

Proverbionan 25:16 “Bo a haña miel? Kome solamente loke bo mester, pa bo no yena di mas i saké bèk.”

Edukashon Kontinuo

Salmo 104:13 “Tera ta keda satisfecho ku e fruta di Su obranan.”

Edukashon Kontinuo

Mateo 2:11 “I nan (e sabionan di oriente) a habri nan tesoronan i a ofres’E regalonan: oro, (frankin-)sensia i mira.”

Edukashon Kontinuo

Salmo 45:7-8 "Bo a stima hustisia i a odia maldat; pesei Dios, Bo Dios, a ungiBo ku e zeta di goso, mas ku Bo kompañeronan. Tur Bo pañanan tin fragansia di mirra, aloé (sandalwood) i kasia."

ORASHON

Proverbionan 7:17 “Mi a sprengu mi kama ku mirra, aloé (sandalwood) i kané (cinnamon).”

Edukashon Kontinuo

Sòldachi ku warda su kaska lo biba largu. (Ta nesesario pa kuida bo kurpa i bo salú.)

Edukashon Kontinuo

Huan 12:3 "Anto Maria a kohe un liber di perfume (zeta medisinal) di nardo puru (spikenard) di hopi balor i a hunta pia di Hesus."

Edukashon Kontinuo

Salmo 103:3 “Kende (Señor) ta pordoná tur bo inikidatnan. Kende (Señor) ta kura tur bo malesanan.”

Edukashon Kontinuo

Salmo 36:1 “Duna gradisimentu na Señor, pasobra E ta bon, pasobra Su miserikòrdia ta pa semper.”

Edukashon Kontinuo

Ester 2:12 “E dianan di preparashon di nan bunitesa a keda kumplí asina aki: seis luna ku zeta di mirra i seis luna ku speserei i kosmétika pa hende muhé.”

Edukashon Kontinuo

Proverbionan 31 “E muhé virtuoso…. vs.15 “ta duna kuminda na su famia” - vs.25 “fortalesa i dignidat ta su bistí i ku alegria e ta spera e porvenir” - vs.27 “E ta tene e kamindanan di su famia bon na bista.”

Edukashon Kontinuo

Eksodo 30:22-25 E reseta pa traha e zeta santu di unshon ta kontené entre otro e siguiente zetanan esensial: mirra líkido - kané aromátiko (cinnamon) - kasia - zeta di oleifi - vs.34-36 frankincense.

Edukashon Kontinuo

Salmo 18:1 “Mi ta stimaBo, O SEÑOR, mi fortalesa.”

Edukashon Kontinuo

Jeremias 20:11 “Ma SEÑOR ta ku mi manera un guerero poderoso; p’esei esnan ku ta pèrsiguími lo trompeká i nan lo no prevalesé. Nan lo keda masha brongosá, pasobra nan a faya. Nan bèrguensa etèrno hamas lo wòrdu lubidá.”

Edukashon Kontinuo

Sofonias 3:17 "SEÑOR bo Dios ta meimei di bo, un guerero viktorioso. E lo regosihá den bo ku alegria, E lo ta ketu den Su amor, E lo regosihá den bo ku gritu di alegria."

Edukashon Kontinuo

Jeremias 31:3 “For di leu aya SEÑOR a paresé na djé, bisando: “Mi a stimabo ku un amor etèrno; pesei ku miserikòrdia Mi a halabo.”

Edukashon Kontinuo

Salmo 27:1 "SEÑOR ta mi lus i mi salbashon; di ken lo mi tin temor? SEÑOR ta e fortalesa di mi bida; di ken lo mi tin miedu?"

Edukashon Kontinuo

Habakuk 3:19 “Señor DIOS ta mi fortalesa, i El a hasi mi pianan manera pianan di biná, i ta hasimi kana riba mi lugánan haltu. Pa e direktor di kor, riba mi instrumèntnan di kuèrdè.”

Edukashon Kontinuo

Salmo 103:8 "SEÑOR ta yen di kompashon i grasia, Kende no ta rabia lihé, i ta abundá den miserikòrdia."

Edukashon Kontinuo

Salmo 91:3 "Pasobra E ta Esun ku ta librabo for di e trampa di e yagdó, i for di e pèst ku ta destruí."

Edukashon Kontinuo

Salmo 91:4 "E lo kubribo ku Su plumanan, i bou di Su halanan lo bo buska refugio; Su fieldat ta un eskudo i un baluarte."

Edukashon Kontinuo

Salmo 25:17 “E angustianan di mi kurason ta oumentá; sakami for di mi anshanan.”

Edukashon Kontinuo

Salmo 26:2 “Skudriñámi, O SEÑOR, i ponemi na prueba; saminá mi mente i mi kurason.”

ORASHON

Salmo 18:28 “Pasobra Bo ta sende mi lampi; SEÑOR mi Dios ta iluminá mi skuridat.”

Edukashon Kontinuo

Salta kachó, salta su rabu. (1. Si bo ta hasi un kos, hasi esei bon mesora. 2. Unabes bo a bini kla ku e parti difísil, sobrá ta bai mas fásil.)

Edukashon Kontinuo

Salmo 18:29 "Pasobra ku Bo mi por kaba ku un ehérsito; i ku mi Dios mi por bula ofer di un muraya."

Edukashon Kontinuo

Salmo 22:29 “Pasobra Bo ta mi lampi, O SEÑOR; i SEÑOR ta iluminá mi skuridat.”

Edukashon Kontinuo

2 Samuel 22:34 “E ta hasi mi pianan manera pia di biná, i ta ponemi riba mi lugánan haltu.”

Edukashon Kontinuo

Nehemias 8:10 “E ora ei el a bisa nan: “Bai, kome di e vèt, bebe di e bibida dushi i manda porshonnan pa esun ku no tin nada prepará, pasobra e dia aki ta santu na nos Señor. No sea tristu, pasobra e goso di SEÑOR ta boso fortalesa.”

Edukashon Kontinuo

Salmo 23:1 “SEÑOR ta mi wardadó, lo mi no tin falta di nada.”

Edukashon Kontinuo

Salmo 23:3 "E ta restorá mi alma; E ta guiami den e kamindanan di hustisia pa motibu di Su nòmber."

Edukashon Kontinuo

Isaias 45:2 “Lo Mi bai bo dilanti i hasi e kamindanan malu bira lizu; lo Mi kibra e portanan di bròns, i kòrta pasa dor di nan baranan di heru.”

Edukashon Kontinuo

Isaias 45:5 "Ami ta SEÑOR i no tin ningun otro; fuera di Mi no tin Dios. Lo Mi fahabo, ounke bo no a konoséMi."

Edukashon Kontinuo

Job 42:5 “Ta tende mi a tende di Bo, ma awor mi wowo ta miraBo.”

Edukashon Kontinuo

Génesis 1:11 "Laga Tera produsí vegetashon, mata ku ta duna simia i palu di fruta...."

Edukashon Kontinuo

Génesis 1:30 “Mi a duna tur mata bèrdè pa kuminda….”

Edukashon Kontinuo

Proverbionan 15:17 “Mihó un tayó di bèrdura kaminda tin amor, ku un toro gòrdá i odio huntu kuné.”

Edukashon Kontinuo

Proverbionan 25:16 “Bo a haña miel? Kome solamente loke bo mester, pa bo no yena di mas i saké bèk.”

Edukashon Kontinuo

Salmo 104:13 "Tera ta keda satisfecho ku e fruta di Su obranan."

Edukashon Kontinuo

Mateo 2:11 “I nan (e sabionan di oriente) a habri nan tesoronan i a ofres’E regalonan: oro, (frankin-)sensia i mira.”

ORASHON

Proverbionan 7:17 “Mi a sprengu mi kama ku mirra, aloé (sandalwood) i kané (cinnamon).”

Edukashon Kontinuo

Barku ankrá no ta gana fleta. (Sin esfuerso un hende no ta logra nada.)

Edukashon Kontinuo

Huan 12:3 "Anto Maria a kohe un liber di perfume (zeta medisinal) di nardo puru (spikenard) di hopi balor i a hunta pia di Hesus."

Edukashon Kontinuo

Salmo 103:3 “Kende (Señor) ta pordoná tur bo inikidatnan. Kende (Señor) ta kura tur bo malesanan.”

Edukashon Kontinuo

Salmo 36:1 "Duna gradisimentu na Señor, pasobra E ta bon, pasobra Su miserikòrdia ta pa semper."

Edukashon Kontinuo

Ester 2:12 "E dianan di preparashon di nan bunitesa a keda kumplí asina aki: seis luna ku zeta di mirra i seis luna ku speserei i kosmétika pa hende muhé."

Edukashon Kontinuo

Salmo 18:1 “Mi ta stimaBo, O SEÑOR, mi fortalesa.”

Edukashon Kontinuo

Sofonias 3:17 "SEÑOR bo Dios ta meimei di bo, un guerero viktorioso. E lo regosihá den bo ku alegria, E lo ta ketu den Su amor, E lo regosihá den bo ku gritu di alegria."

Edukashon Kontinuo

Jeremias 31:3 “For di leu aya SEÑOR a paresé na djé, bisando: “Mi a stimabo ku un amor etèrno; pesei ku miserikòrdia Mi a halabo.”

Edukashon Kontinuo

Salmo 27:1 "SEÑOR ta mi lus i mi salbashon; di ken lo mi tin temor? SEÑOR ta e fortalesa di mi bida; di ken lo mi tin miedu?"

Edukashon Kontinuo

Salmo 103:8 “SEÑOR ta yen di kompashon i grasia, Kende no ta rabia lihé, i ta abundá den miserikòrdia.”

Edukashon Kontinuo

Edukashon Kontinuo

Salmo 91:3 “Pasobra E ta Esun ku ta librabo for di e trampa di e yagdó, i for di e pèst ku ta destruí.”

Kuida bo Peso

Nòmber i fam:________________________________

Edat:____________________________________

Estatura:__________________________________

Midí di Kurpa: inch (")

Fecha	*Barika (Midi na lombrishi)*	*Brasa*	*Dei/Bèl*

Kuit (Batata di pia)	***Sintura***	***Stoma (Nèt bou di pechu)***	***Peso***

Midí di Kurpa: inch (")

Fecha	*Barika (Midi na lombrishi)*	*Brasa*	*Dei/Bèl*

Kuida bo Peso

Nòmber i fam:____________________________________

Edat:____

Estatura:____

Midí di Kurpa: inch (")

Fecha	***Barika (Midi na lombrishi)***	***Brasa***	***Dei/Bèl***

Kuit (Batata di pia)	***Sintura***	***Stoma (Nèt bou di pechu)***	***Peso***

Kuida bo Peso

Nòmber i fam:____

Edat:____

Estatura:____

Kuit (Batata di pia)	***Sintura***	***Stoma (Nèt bou di pechu)***	***Peso***

Midí di Kurpa: inch (")

Fecha	Barika (Midi na lombrishi)	Brasa	Dei/Bèl

Kuida bo Peso

Nòmber i fam:______________________________

Edat:______________________________

Estatura:______________________________

Midí di Kurpa: inch (")

Fecha	*Barika (Midi na lombrishi)*	*Brasa*	*Dei/Bèl*

Kuit (Batata di pia)	***Sintura***	***Stoma (Nèt bou di pechu)***	***Peso***

Protokòl!

1.

2.

3.

4.

5.

6.

7.

8.

Protokòl!

1.

2.

3.

4.

5.

6.

7.

8.

Protokòl!

1.

2.

3.

4.

5.

6.

7.

8.

Protokòl!

1.

2.

3.

4.

5.

6.

7.

8.

Ku pasenshi ta gana gloria.

Protokòl!

1.

2.

3.

4.

5.

6.

7.

8.

Protokòl!

1.

2.

3.

4.

5.

6.

7.

8.

Protokòl!

1.

2.

3.

4.

5.

6.

7.

8.

Protokòl!

1.

2.

3.

4.

5.

6.

7.

8.

Barika yen, kurason kontentu. (Bisá ora un hende a kaba di kome dushi)

Protokòl!

1.
2.
3.
4.
5.
6.
7.
8.

Protokòl!

1.
2.
3.
4.
5.
6.
7.
8.

Protokòl!

1.
2.
3.
4.
5.
6.
7.
8.

Protokòl!

1.
2.
3.
4.
5.
6.
7.
8.

Mihó ami kome ku dòkter kome.

Protokòl!

1.
2.
3.
4.
5.
6.
7.
8.

Protokòl!

1.
2.
3.
4.
5.
6.
7.
8.

Protokòl!

1.
2.
3.
4.
5.
6.
7.
8.

Protokòl!

1.
2.
3.
4.
5.
6.
7.
8.

Es ku tende konseho ta yega na behés.

Protokòl!

1.
2.
3.
4.
5.
6.
7.
8.

Protokòl!

1.
2.
3.
4.
5.
6.
7.
8.

Protokòl!

1.
2.
3.
4.
5.
6.
7.
8.

Protokòl!

1.
2.
3.
4.
5.
6.
7.
8.

Kada pakiko tin su pasobra.

Protokòl!

1.
2.
3.
4.
5.
6.
7.
8.

Protokòl!

1.
2.
3.
4.
5.
6.
7.
8.

Protokòl!

1.
2.
3.
4.
5.
6.
7.
8.

Protokòl!

1.
2.
3.
4.
5.
6.
7.
8.

Papia ta nada, hasi t'e kos.

Protokòl!

1. ____
2. ____
3. ____
4. ____
5. ____
6. ____
7. ____
8. ____

Protokòl!

1. ____
2. ____
3. ____
4. ____
5. ____
6. ____
7. ____
8. ____

Protokòl!

1. ____
2. ____
3. ____
4. ____
5. ____
6. ____
7. ____
8. ____

Protokòl!

1. ____
2. ____
3. ____
4. ____
5. ____
6. ____
7. ____
8. ____

Pasenshi ta un bon yerba, pero ta lástima ku e no ta krese den tur hòfi.

Protokòl!

1.
2.
3.
4.
5.
6.
7.
8.

Protokòl!

1.
2.
3.
4.
5.
6.
7.
8.

Protokòl!

1.
2.
3.
4.
5.
6.
7.
8.

Protokòl!

1.
2.
3.
4.
5.
6.
7.
8.

Ku pasenshi ta gana gloria.

Protokòl!

1.
2.
3.
4.
5.
6.
7.
8.

Protokòl!

1.
2.
3.
4.
5.
6.
7.
8.

Protokòl!

1.
2.
3.
4.
5.
6.
7.
8.

Protokòl!

1.
2.
3.
4.
5.
6.
7.
8.

Mihó prevení ku lamentá.

Protokòl!

1.
2.
3.
4.
5.
6.
7.
8.

Protokòl!

1.
2.
3.
4.
5.
6.
7.
8.

Protokòl!

1.
2.
3.
4.
5.
6.
7.
8.

Protokòl!

1.
2.
3.
4.
5.
6.
7.
8.

Sòldachi ku warda su kaska lo biba largu. (Ta nesesario pa kuida bo kurpa i bo salú.)

Protokòl!

1.
2.
3.
4.
5.
6.
7.
8.

Protokòl!

1.
2.
3.
4.
5.
6.
7.
8.

Protokòl!

1.
2.
3.
4.
5.
6.
7.
8.

Protokòl!

1.
2.
3.
4.
5.
6.
7.
8.

Salta kachó, salta su rabu. (1. Si bo ta hasi un kos, hasi esei bon mesora.
2. Unabes bo a bini kla ku e parti difísil, sobrá ta bai mas fásil.)

Protokòl!

1. ______
2. ______
3. ______
4. ______
5. ______
6. ______
7. ______
8. ______

Protokòl!

1. ______
2. ______
3. ______
4. ______
5. ______
6. ______
7. ______
8. ______

Protokòl!

1. ______
2. ______
3. ______
4. ______
5. ______
6. ______
7. ______
8. ______

Protokòl!

1. ______
2. ______
3. ______
4. ______
5. ______
6. ______
7. ______
8. ______

Barku ankrá no ta gana fleta. (Sin esfuerzo un hende no ta logra nada.)

Protokòl!

1.
2.
3.
4.
5.
6.
7.
8.

Protokòl!

1.
2.
3.
4.
5.
6.
7.
8.

Protokòl!

1.
2.
3.
4.
5.
6.
7.
8.

Protokòl!

1.
2.
3.
4.
5.
6.
7.
8.

Kabaron na soño, koriente ta hib'é. (Sea alerta.)

Protokòl!

1. ______
2. ______
3. ______
4. ______
5. ______
6. ______
7. ______
8. ______

Protokòl!

1. ______
2. ______
3. ______
4. ______
5. ______
6. ______
7. ______
8. ______

Protokòl!

1. ______
2. ______
3. ______
4. ______
5. ______
6. ______
7. ______
8. ______

Protokòl!

1. ______
2. ______
3. ______
4. ______
5. ______
6. ______
7. ______
8. ______

Bo mester pèrdè un pa bo haña otro.

Protokòl!

1.
2.
3.
4.
5.
6.
7.
8.

Protokòl!

1.
2.
3.
4.
5.
6.
7.
8.

Protokòl!

1.
2.
3.
4.
5.
6.
7.
8.

Protokòl!

1.
2.
3.
4.
5.
6.
7.
8.

Pa tur kos tin remedi, menos pa morto.

Protokòl!

1.
2.
3.
4.
5.
6.
7.
8.

Protokòl!

1.
2.
3.
4.
5.
6.
7.
8.

Protokòl!

1.
2.
3.
4.
5.
6.
7.
8.

Protokòl!

1.
2.
3.
4.
5.
6.
7.
8.

Salú promé ku tur kos. (Bo salú ta hopi importante.)

Protokòl!

1. ______
2. ______
3. ______
4. ______
5. ______
6. ______
7. ______
8. ______

Protokòl!

1. ______
2. ______
3. ______
4. ______
5. ______
6. ______
7. ______
8. ______

Protokòl!

1. ______
2. ______
3. ______
4. ______
5. ______
6. ______
7. ______
8. ______

Protokòl!

1. ______
2. ______
3. ______
4. ______
5. ______
6. ______
7. ______
8. ______

Barika yen, kurason kontentu. (Bisá ora un hende a kaba di kome dushi)

Protokòl!

1.
2.
3.
4.
5.
6.
7.
8.

Protokòl!

1.
2.
3.
4.
5.
6.
7.
8.

Protokòl!

1.
2.
3.
4.
5.
6.
7.
8.

Protokòl!

1.
2.
3.
4.
5.
6.
7.
8.

Mihó ami kome ku dòkter kome. (Kuida bo salú pa bo no bira malu)

Protokòl!

1.
2.
3.
4.
5.
6.
7.
8.

Protokòl!

1.
2.
3.
4.
5.
6.
7.
8.

Protokòl!

1.
2.
3.
4.
5.
6.
7.
8.

Protokòl!

1.
2.
3.
4.
5.
6.
7.
8.

Es ku tende konseho ta yega na behés. (Skucha na bon konseho i lo bo biba largu)

Protokòl!

1.
2.
3.
4.
5.
6.
7.
8.

Protokòl!

1.
2.
3.
4.
5.
6.
7.
8.

Protokòl!

1.
2.
3.
4.
5.
6.
7.
8.

Protokòl!

1.
2.
3.
4.
5.
6.
7.
8.

Kada pakiko tin su pasobra. (Tur kos tin un motibu)

Protokòl!

1.
2.
3.
4.
5.
6.
7.
8.

Protokòl!

1.
2.
3.
4.
5.
6.
7.
8.

Protokòl!

1.
2.
3.
4.
5.
6.
7.
8.

Protokòl!

1.
2.
3.
4.
5.
6.
7.
8.

Papia ta nada, hasi t'e kos. (No primintí sin hasi)

Protokòl!

1.
2.
3.
4.
5.
6.
7.
8.

Protokòl!

1.
2.
3.
4.
5.
6.
7.
8.

Protokòl!

1.
2.
3.
4.
5.
6.
7.
8.

Protokòl!

1.
2.
3.
4.
5.
6.
7.
8.

Ku pasenshi ta gana gloria. (Tene pasenshi i lo bo logra bo meta.)

Protokòl!

1. ______
2. ______
3. ______
4. ______
5. ______
6. ______
7. ______
8. ______

Protokòl!

1. ______
2. ______
3. ______
4. ______
5. ______
6. ______
7. ______
8. ______

Protokòl!

1. ______
2. ______
3. ______
4. ______
5. ______
6. ______
7. ______
8. ______

Protokòl!

1. ______
2. ______
3. ______
4. ______
5. ______
6. ______
7. ______
8. ______

Mihó prevení ku lamentá. (Mihó bo evitá algu malu, pa no duel bo despues.)

Protokòl!

1. ______
2. ______
3. ______
4. ______
5. ______
6. ______
7. ______
8. ______

Protokòl!

1. ______
2. ______
3. ______
4. ______
5. ______
6. ______
7. ______
8. ______

Protokòl!

1. ______
2. ______
3. ______
4. ______
5. ______
6. ______
7. ______
8. ______

Protokòl!

1. ______
2. ______
3. ______
4. ______
5. ______
6. ______
7. ______
8. ______

Sòldachi ku warda su kaska lo biba largu. (Ta nesesario pa kuida bo kurpa i bo salú.)

Protokòl!

1.
2.
3.
4.
5.
6.
7.
8.

Protokòl!

1.
2.
3.
4.
5.
6.
7.
8.

Protokòl!

1.
2.
3.
4.
5.
6.
7.
8.

Protokòl!

1.
2.
3.
4.
5.
6.
7.
8.

Salta kachó, salta su rabu. (1. Si bo ta hasi un kos, hasi esei bon mesora.
2. Unabes bo a bini kla ku e parti difísil, sobrá ta bai mas fásil.)

Protokòl!

1.
2.
3.
4.
5.
6.
7.
8.

Protokòl!

1.
2.
3.
4.
5.
6.
7.
8.

Protokòl!

1.
2.
3.
4.
5.
6.
7.
8.

Protokòl!

1.
2.
3.
4.
5.
6.
7.
8.

Barku ankrá no ta gana fleta. (Sin esfuerzo un hende no ta logra nada.)

Protokòl!

1.
2.
3.
4.
5.
6.
7.
8.

Protokòl!

1.
2.
3.
4.
5.
6.
7.
8.

Protokòl!

1.
2.
3.
4.
5.
6.
7.
8.

Protokòl!

1.
2.
3.
4.
5.
6.
7.
8.

Kabaron na soño, koriente ta hib'é. (Sea alerta.)

Protokòl!

1.

2.

3.

4.

5.

6.

7.

8.

Protokòl!

1.

2.

3.

4.

5.

6.

7.

8.

Protokòl!

1.

2.

3.

4.

5.

6.

7.

8.

Protokòl!

1.

2.

3.

4.

5.

6.

7.

8.

Bo mester pèrdè un pa bo haña otro.

Protokòl!

1.

2.

3.

4.

5.

6.

7.

8.

Protokòl!

1.

2.

3.

4.

5.

6.

7.

8.

Protokòl!

1.

2.

3.

4.

5.

6.

7.

8.

Protokòl!

1.

2.

3.

4.

5.

6.

7.

8.

Pa tur kos tin remedi, menos pa morto.

Protokòl!

1.
2.
3.
4.
5.
6.
7.
8.

Protokòl!

1.
2.
3.
4.
5.
6.
7.
8.

Protokòl!

1.
2.
3.
4.
5.
6.
7.
8.

Protokòl!

1.
2.
3.
4.
5.
6.
7.
8.

Salú promé ku tur kos. (Bo salú ta hopi importante.)

Protokòl!

1. ______
2. ______
3. ______
4. ______
5. ______
6. ______
7. ______
8. ______

Protokòl!

1. ______
2. ______
3. ______
4. ______
5. ______
6. ______
7. ______
8. ______

Protokòl!

1. ______
2. ______
3. ______
4. ______
5. ______
6. ______
7. ______
8. ______

Protokòl!

1. ______
2. ______
3. ______
4. ______
5. ______
6. ______
7. ______
8. ______

Mihó ami kome ku dòkter kome. (Kuida bo salú pa bo no bira malu)

Protokòl!

1.
2.
3.
4.
5.
6.
7.
8.

Protokòl!

1.
2.
3.
4.
5.
6.
7.
8.

Protokòl!

1.
2.
3.
4.
5.
6.
7.
8.

Protokòl!

1.
2.
3.
4.
5.
6.
7.
8.

Kada pakiko tin su pasobra. (Tur kos tin un motibu)

Protokòl!

1.
2.
3.
4.
5.
6.
7.
8.

Protokòl!

1.
2.
3.
4.
5.
6.
7.
8.

Protokòl!

1.
2.
3.
4.
5.
6.
7.
8.

Protokòl!

1.
2.
3.
4.
5.
6.
7.
8.

Papia ta nada, hasi t'e kos. (No primintí sin hasi)

Protokòl!

1.

2.

3.

4.

5.

6.

7.

8.

Protokòl!

1.

2.

3.

4.

5.

6.

7.

8.

Protokòl!

1.

2.

3.

4.

5.

6.

7.

8.

Protokòl!

1.

2.

3.

4.

5.

6.

7.

8.

Mihó preventí ku lamentá. (Mihó bo evitá algu malu, pa no duel bo despues.)

Protokòl!

1.
2.
3.
4.
5.
6.
7.
8.

Protokòl!

1.
2.
3.
4.
5.
6.
7.
8.

Protokòl!

1.
2.
3.
4.
5.
6.
7.
8.

Protokòl!

1.
2.
3.
4.
5.
6.
7.
8.

Barku ankrá no ta gana fleta. (Sin esfuerzo un hende no ta logra nada.)

Protokòl!

1.
2.
3.
4.
5.
6.
7.
8.

Protokòl!

1.
2.
3.
4.
5.
6.
7.
8.

Protokòl!

1.
2.
3.
4.
5.
6.
7.
8.

Protokòl!

1.
2.
3.
4.
5.
6.
7.
8.

Bo mester pèrdè un pa bo haña otro. (Tin biaha sakrifisio ta necesario pa logra algu bon.)

Protokòl!

1.
2.
3.
4.
5.
6.
7.
8.

Protokòl!

1.
2.
3.
4.
5.
6.
7.
8.

Protokòl!

1.
2.
3.
4.
5.
6.
7.
8.

Protokòl!

1.
2.
3.
4.
5.
6.
7.
8.

Papia ta nada, hasi t'e kos. (No primintí sin hasi)

Protokòl!

1.
2.
3.
4.
5.
6.
7.
8.

Protokòl!

1.
2.
3.
4.
5.
6.
7.
8.

Protokòl!

1.
2.
3.
4.
5.
6.
7.
8.

Protokòl!

1.
2.
3.
4.
5.
6.
7.
8.

Pasenshi ta un bon yerba, pero ta lástima ku e no ta krese den tur hòfi.
(No ta tur hende tin hopi pasenshi, pero e ta un bon kos si pa bo tin.)

www.ingramcontent.com/pod-product-compliance
Lightning Source LLC
LaVergne TN
LVHW060102240826
846091LV00018B/4068

* 9 7 8 1 7 3 7 0 0 5 6 4 3 *